JN098666

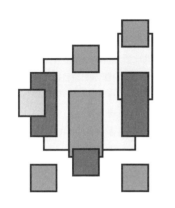

業務委託契約
の基本と書式 第**2**版

長谷川俊明 ［編著］

前田智弥 ［著］

中央経済社

第 2 版 は し が き

　本書の初版を出版してから4年以上が経った。この間，世の中全体に変化を
もたらした最大の出来事は，何といってもコロナ禍パンデミックであろう。

　コロナ禍は，個人の生活様式まで大きく変えたが，変化は「デジタル化」と
「リモート化」にまとめることができる。

　デジタル化とリモート化が重なって起こることは多い。「非接触・非対面を
ニューノーマル（新常態）とする働き方」は，代表例である。テレワークが定
着し，職場の会議にも自宅のパソコンから参加する機会が増えた。

　初版のはしがきに，「リスクのアウトソーシング」を実現する外部委託のた
めの業務委託契約活用メリットを説いたが，コロナ禍は，リスク管理のための
新しいタイプの業務委託契約を普及させた。

　身近なところでは，コロナ禍による“巣ごもり需要”で，料理宅配サービス
を利用する人が増えた。自前の自転車を使うなどして同サービスを提供するの
は，一人ひとりが業務受託者たるギグワーカー（インターネット経由で単発の
仕事を請け負う個人）である。

　また，デジタル化の流れは，デジタルトランスフォーメーション（DX）の
うねりとなっている。企業は，DXを推進するための人材を求め，ITエンジニ
アをギグワーカーとして使う動きも広がった。

　ギグワーカーは，「労働者」として保護されず，突然の契約解除や「アカウ
ント停止」に見舞われやすい。公正取引委員会などは，2021年3月のガイドラ
インで，独占禁止法や下請法の適用があり得るとし，取引条件の書面による明
確化を求めている。本書は，その概要の紹介とともに，ギグワーカーとの契約
書サンプル（ひな型）を収めている（64頁，208頁，250頁参照。）。

　コロナ禍は他にも，リスク分散とリスク管理のダイバーシティ（多様性）を
生み，業務委託契約に新たな役割を与えることになった。危機対応，リスク管
理の体制を充実させ，事業のサステナビリティ（持続可能性）を高めるための

業務委託契約に，改めて注目が集まったといってよい。

　書式例に基づいて，契約について逐条的検証を中心に解説を行う「基本と書式」シリーズのねらいは，業務委託契約についての本書初版以来変わってはいない。本書第2版では，企業が業務委託契約でギグワーカーを活用しデジタル人材の"補強"をはかる場面を想定し，そのための契約書式を，新たに第2部，第3部に各追加することにした。他に追加した契約書式には，SES契約などがある。

　ようやく収束のきざしが見えてきたコロナ禍であるが，"アフターコロナ"においてもデジタル化とリモート化が"逆流"し，以前の生活様式やビジネスのやり方が戻ることはないであろう。業務委託契約の場合，その重要性が増すことはあっても，小さくなることはなさそうである。

　なお，本書初版が出版されたのは，債権法部分の平成29年（2017）改正民法が成立，同年6月に公布されて間もない10月であった。そのため，同改正前民法の規定をベースに，改正によって業務委託契約中の条項の書き方をこうすべきである，といった書き方をしたところである。

　2020年4月に，同改正民法は施行になった。本第2版においては，改正民法の規定をベースに，必要に応じ，改正前民法下での契約条項との対比をすることにした。

　業務委託契約は，継続的取引によく使われるが，「経過措置」により，施行前に締結された契約には，施行後も改正前民法が適用になる。このような場合，改正法が施行になったからといって契約書の改訂をしない当事者も多いと思われ，従前の「瑕疵担保責任」などに関する契約条項をあえて残し，その旨を解説中に記すことにした。

　本書第2版については，私と前田智弥弁護士の2人で初版への加筆，訂正などを行った。また，「基本と書式」シリーズにおける他のすべての書籍と同様，中央経済社の露本敦氏には，変わらぬご支援を賜ったことに感謝申し上げる。

2022年4月

長谷川　俊明

はしがき

　およそリスク管理の基本はリスクの分散にある。「すべての卵を同じ籠に入れるな」と古い諺にいうが，その籠を落とせば卵をすべて失ってしまうからである。

　「先の見通せないリスクの時代」とされるいま，ビジネス活動は，日々多種多様なリスクに見舞われる。なかには従来は想像すらできなかった新たなリスクも含まれる。昨今，急速に普及してきたAIやIoTにかかわるリスクは代表例であろう。

　今後，どのような業種であってもAIやIoTの活用を検討せずにビジネスの成功はおぼつかない。そうした新たなリスクにも対応するのに必要になるのが，"リスクのアウトソーシング"である。これは，リスクの大きい業務を外部の事業者に委託することによって，リスクを分散するとともになるべく外部に移転しようとする考え方といえる。

　外部への業務委託で使うのは，一般に業務委託契約と称している契約類型である。ただ，民法に業務委託契約についての規定が置かれているわけではない。委託する業務の内容に応じて，請負型，委任（準委任）型に大きく分けられるが，両者の混合型，さらには売買や雇用の法的性格を併せもった契約も使われる。

　このように委託業務内容が多岐にわたり得るため，業務委託契約はポイントをつかみにくい。加えていまは，「ビッグデータ時代」といわれ，情報通信技術（ICT）など最新テクノロジーを活用したデータ処理の業務委託契約の内容を工夫することでより高度なリスク管理が求められるようになった。

　契約に関する法的ルールを中心に規定する民法の債権法部分が制定後120年ぶりに改正され，改正法は2017年6月2日に公布となった。施行は，公布の日から3年を超えない政令の指定する日から施行になる。

　本書は，データ処理の業務委託などの新しい契約内容が次々と生み出されつ

つあり，片やそれを規律する法的ルールを大きく変える民法改正法が成立した時期にタイミングよく世に出る。

　ICTなどを駆使しAIやIoTも活用するためには，ライセンス契約の類型もよく使われる。そこで，私の法律事務所の所属弁護士を同じく執筆陣とする"姉妹版"『ライセンス契約の基本と書式』を同時刊行することにした。

　両書共，契約の「基礎知識」を第1部とし，第2部に各種契約の条項ごとに「コメント」の解説を入れ，改正民法下で考慮すべき点などを書いてある。さらに第3部として「契約書ひな型集」を収めるようにした。

　2冊同時に刊行することも含め，出版の企画から内容アイデアまで，本書は中央経済社編集部の露本敦氏に負うところが大きい。心から感謝申し上げたい。

2017年9月

長谷川　俊明

目　次

第2版はしがき／1

はしがき／3

第1部　業務委託契約の基礎知識

1 業務委託契約の機能 ——————————————— 8

◆業務委託契約とは／8
◆外部委託契約の類型／9
◆業務委託契約の種類／10

2 業務委託契約のトラブル事例と教訓 ——————— 13

◆廃棄カツ不正横流し事件／13
◆委託先，再委託先からの顧客・個人情報流出事件／14
◆廃棄したパソコンからの情報流出事故／17
◆産業廃棄物の不法投棄をした会社役員への株主代表訴訟／18
◆システム開発委託契約のトラブル事例／19

3 業務委託契約の論点 ——————————————— 22

◆業務委託契約と民法（債権法）改正／22
◆システム開発委託の類型／27
◆マイナンバー制度の導入と個人データ処理などの外部委託／29
◆データ分析の業務委託／37
◆取締役会の実効性評価に係る外部委託／47
◆ヘルプラインの通報外部窓口業務委託／51
◆下請法と業務委託／60

4 個人事業主と締結する業務委託契約 ——————— 64

◆会社と個人との間で締結する業務委託契約／64
◆フリーランスガイドライン／64

第2部　契約条項の文例と機能

1　製造委託基本契約 ──────────────── 72

2　OEM取引基本契約 ──────────────── 87

3　システム開発委託契約 ─────────────── 101

4　特定個人情報（マイナンバー）管理委託契約 ────── 119

5　匿名加工情報分析業務委託契約 ──────────── 142

6　データ消去・廃棄委託契約 ─────────────── 156

7　取締役会実効性評価業務委託契約 ──────────── 169

8　内部通報外部窓口業務委託契約 ──────────── 179

9　イベント企画運営業務委託契約 ──────────── 194

10　スポーツインストラクター業務委託契約 ─────── 206

第3部　契約書ひな型集

1　建物管理サービス業務委託契約書 ──────────── 216

2　物流業務委託契約書 ───────────────── 221

3　SEO委託契約書 ───────────────────── 227

4　多言語コールセンター運営業務委託契約書 ─────── 234

5　SES委託契約書 ───────────────────── 241

6　フードデリバリー業務委託契約書 ──────────── 250

あとがき／259

索　　引／263

第1部

業務委託契約の基礎知識

1 業務委託契約の機能

◆ 業務委託契約とは

　　業務委託契約は，自己（自社）の業務を外部に委託するための契約である。とくに企業が行う経済活動においては，広くさまざまな目的に使う契約形態といってよい。

　　自己（自社）の業務を外部に委託するのであるから，業務委託契約においては，外部の受託者が適正に業務を行うように委託者が管理できるかどうかが契約内容上のキーポイントになる。

　　業務の全部または一部を外部に委託することをアウトソーシングと総称することがある。

　　アウトソーシングは，コスト削減や外部の専門性の活用，経営資源の本業への集中などを目的として行われる。それだけでなく，企業がリスクを「アウトソース」するためにも利用される。

　　また，近時はビジネス・トランスフォーメーション（業務改革）のためのアウトソーシングを，明確な戦略的目的を達成するために推し進める企業が増えている。とくにIT分野では，戦略的ソーシング（インソースとアウトソースの総称）の中でアウトソーシング・マネジメント最適化の必要性が叫ばれている。

　　業務の全部または一部をアウトソーシングするに際しては，外部への業務委託契約を取り交わすことがほとんどである。

　　外部への業務委託契約の最大の目的はリスク管理にある。業務をアウトソーシングする際のメリット，目的は前述のとおりさまざま考えられる。ただ，アウトソーシングのために外部への業務委託契約を締結するとなると，その内容上の重点はむしろデメリットをどう克服するかに置かれる。すなわち，契約ごとに異なりうる外部への業務委託

上のリスクをどう適切にコントロールできるかが問われる。

　とくにアウトソーシングは、いわばリスクの"肩代わり"を目的とする面があるが、リスクをアウトソースしたつもりがそうはならなかったり、かえって大きいリスクを負うことがある。顧客情報のネットからの大量流出などに備えた、契約による法的リスク管理が欠かせない。

　法的リスクそのものをアウトソーシングによって軽減、回避する考えも重要である。法的リスクのアウトソーシングには、一般に次のようなメリットがある。

　第一に、企業のかかえる法律問題は解決に複雑な専門知識を要することが多く、外部の専門家を使う必要性が高い。

　第二に、社内の資格を持った法務部員が同等レベルの専門知識を有していたとしても、万が一判断を誤ったときに懲戒処分を含めその法的責任を追及するならば担当役員を含めた監督責任まで問われる。

　第三に、外部の専門家は賠償責任保険に加入していることがほとんどで、損害の補填を期待できる。

　第四に、会社役員は法令や善良なる管理者の注意義務に違反して会社に損害を与えればこれを個人として賠償しなくてはならないが、外部の独立した専門家の意見を求めそれに基づいて行動した時は注意義務違反に問われなくてすむことがある。最後の点は、アメリカの企業社会で、特許侵害を犯した場合に同国特許法の下で三倍賠償を科されることを避けるためには外部専門家の意見書（オピニオン）が決め手になるとされていることなどにも表れる。

◆ 外部委託契約の類型

　外部委託契約には、いくつかの法的形態がある。請負、業務委託、派遣などである。委託の目的が仕事の完成にある場合は請負であり、業務の処理である場合は業務委託契約になる。業務委託契約では法律行為ではなく事務処理について委託するので、契約の種類としては準委任契約が締結されることになる。

会社の業務を他社に委託して処理してもらう場合に派遣があるが，これにも受託会社から出向会社を受け入れて業務を処理させる場合と労働者派遣会社から派遣社員を受け入れて業務を処理させる場合とがある（11頁図表1参照）。

　いずれの形態をとるかは，アウトソーシングの目的，内容に合わせて決めるべきである。その際，いずれか一つを選ばなくてはならないわけではなく，請負と業務委託の混合型の契約もありうる。ただ，労働者派遣によるときは法律上の規制がある。

　たとえば，派遣労働者を保護するための労働基準法などの適用に関して特例が設けられており，派遣先は一定の責任を負わなくてはならない。このように契約形態によって，アウトソーシングによるリスク移転の有効度合いが異なるので注意を要する。

　労働者派遣に対する法的制裁を避けるため，実務では労働者派遣でありながら契約上は請負契約にする，いわゆる偽装請負がよく行われてきた。そこで，労働省（現・厚生労働省）は1986年に「労働者派遣事業と請負により行われる事業との区分に関する基準」（昭和61・4・17労告37）を発表した。同基準の要件を満たさなければ形の上で請負契約となっていても労働者派遣契約として扱われる。

　その内容を要約するならば，注文主と労働者との間に指揮命令関係がある場合には，請負形式の契約により行われていても労働者派遣事業に該当し，労働者派遣事業の適正な運営の確保及び派遣労働者の保護等に関する法律（労働者派遣法）の適用を受ける。

　ところが，この区分を実際に判断するのは必ずしも容易ではないので，判断基準として，前述の基準が作られた。請負の形式による契約に基づいていても，労働者派遣と判断される場合には，労働基準法などの適用につき派遣労働者を受け入れたのと同様の責任分担となる点に注意を要する。

◆ 業務委託契約の種類

　業務委託契約は，どういった業務を委託するかによって大きく3種

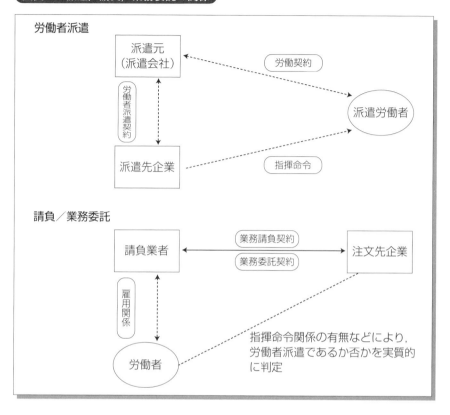

類に分けることができる。

　第1は，「物の製造」に関する業務委託契約である。自動車部品の製造委託契約などを代表例とする。

　第2は，「サービス・役務提供」のための業務委託契約である。リースした通信機器の保守・点検のための契約を代表例とする。

　第3は，「IT分野」の業務委託契約である。コンピューター・システムの開発委託契約を代表例とする。

　これら3種類それぞれ，さらに細かく契約の種類がいくつにも分かれ，検討ポイントなども各論的に多岐にわたる。詳細については，本

書第2部に譲るが，業務委託契約は法的トラブルのもとになりやすいとの共通点をもっている。それは業務委託契約の類型・種類があまりにも多種，多様なためポイントをつかみにくいからである。

KEYWORD

バーチャルリアリティと取締役会・株主総会

　2016年にバーチャルリアリティ（VR）を楽しむことができるゲーム機が発売された。専用のヘッドセットを使用することにより，あたかも別の世界に自分が存在するという感覚を味わえるようである。

　将来的に取締役会や株主総会がVRで開催されるようになれば，遠方から会議に出席することが容易になる。

2 業務委託契約の トラブル事例と教訓

◆ 廃棄カツ不正横流し事件

　2016年 1 月13日，カレーのチェーン店「カレーハウスCoCo壱番屋」を運営する壱番屋は，廃棄した冷凍の「ビーフカツ」が不正に横流しされたと発表した。製造段階で異物が混ざった可能性があるとして産業廃棄物処理業者のD社（愛知県稲沢市）に処分を委託したが，同県内のスーパー店頭に一部が置かれていることを確認した。

　岐阜県は同日，同県羽取市の麺類製造業「Mフーズ」がD社と取引し，愛知県内の個人と企業 2 社に横流ししたと発表した。Mフーズへの立入調査で，壱番屋の社名が印刷された段ボール箱800個が見つかった。問題のビーフカツは少なくとも愛知県内のスーパー 2 店舗に流通し，計約5,400枚が販売されたとみられた。愛知県と壱番屋は，温度管理など保存方法に問題がありうるとして，消費者に食べないよう呼び掛けた。

　壱番屋によると，2015年 9 月に製造したビーフカツに製造器具の樹脂製部品が混入した可能性があるとして，D社に処分を委託，壱番屋の従業員が2016年 1 月11日，同県内のスーパーで売られているのを見つけたという。

　この事件で愛知，岐阜両県警の合同捜査本部が同年 7 月，D社の会長ら 3 人を食品衛生法違反容疑などで逮捕， 8 月には詐欺容疑などで再逮捕し，名古屋地検が起訴した。

　刑事裁判が行われ，同年12月16日，名古屋地方裁判所は，D社会長に対し懲役 3 年，執行猶予 4 年，罰金100万円（求刑懲役 3 年 6 カ月，罰金100万円）を，法人としてのD社には，求刑通り罰金50万円を言い渡した。

判決理由で，裁判官は「持ち込まれた廃棄物の大半を横流ししておきながら，正規に廃棄処理したかのように虚偽報告して金銭をだまし取っており，犯行態様は相当に悪質」と指摘したうえで，被告人であるD社の会長が犯行が露見しないよう，冷凍カツを袋から取り出して詰め替えていたことに触れ，「安全性や衛生面に問題のある大量のカツを世間に出回らせた。食品に対する消費者の信頼をないがしろにするかのような犯行で，社会に与えた影響も大きい」と述べた。

判決によると，被告人は2015年8〜11月，壱番屋から廃棄委託された冷凍カツ計約6万枚を廃棄処分したと虚偽報告し，処分委託料約28万円を詐取し，食肉販売業の許可なく，Mフーズの元実質経営者にカツ5万枚を販売したという。同経営者および同社元従業員は別に詐欺罪で起訴され，2016年12月20日，それぞれ有罪判決が言い渡された。

◆ 委託先，再委託先からの顧客・個人情報流出事件

IT分野で，自社のウェブサイトに集めた大量の顧客情報の処理をIT専門業者に業務委託する，あるいはウェブサイトそのものの管理まで任せるケースがある。このような外部に業務委託をする場合，最も気を付けなくてはならないのが，委託先から情報が大量にインターネット上に流出することである。

日本で起こった大きな情報流出事件の多くは外部への業務委託が原因であった。そこで，代表的事件事例をいくつか紹介する。

(1) ベネッセ事件

2014年7月，通信教育事業を営むベネッセホールディングおよびその子会社（以下，まとめて「B社」という。）から，大量の顧客情報が流出した事実が明るみに出た。発覚当初，流出件数は最大2,070万件と報道されたが，B社による同年9月10日の記者会見では，3,504万人分が流出したとされた。流失した顧客情報は，通信教育サービスのためのものであり，子供や保護者の氏名，住所，電話番号，性別，生年月日などの個人情報が含まれていた。

B社は，同月17日，経済産業大臣に最終報告書を提出した。それによると，同社は顧客情報のデータベースの管理をグループ会社のS社に委託し，S社は同業務をさらに複数の外部業者に再委託したところ，再委託先の派遣社員がデータベースから顧客情報を持ち出したという。

　この情報流出事故は，主に2つの法律の下で問題とされることになった。1つが不正競争防止法であり，他の1つが個人情報の保護に関する法律（個人情報保護法）である。順番に説明してみる。

　情報流出が発覚した直後の2014年7月17日，警察は，顧客情報を持ち出して名簿業者に販売した派遣社員を不正競争防止法21条1項1号の規定する営業秘密の不正取引罪の容疑で逮捕した。

　顧客情報が「営業秘密」に該当すると判断されたわけだが，同法の下で「営業秘密」に該当し保護されるためには，①秘密として管理されていること（秘密管理性），②事業活動に有用な技術上または営業上の情報であること（有用性），③公然と知らせていないこと（非公知性）の3要件が満たされていなくてはならない。警察が本件で迅速な逮捕に踏み切ったのは，B社におけるデータベース管理体制を見て，①の秘密管理性があることをいち早く確認したからであると言われている。一般的には秘密管理が十分でないとみられるケースが多い。

　B社にとっては，持ち出されたデータには，通信教育事業を行っていくうえで最も重要な情報が含まれていた。保護者の住所宛に子供の成長に合わせてダイレクトメールを発送することなどで事業を拡大してきたからである。したがって，これら顧客・個人データは同社の事業にとって欠かせない営業上の秘密情報であり，不正競争防止法による，いち早い犯人の逮捕を望んでいたものと思われる。

　また，B社から流出した情報には，子供や保護者の個人情報が大量に含まれていた。こうした個人情報の流出元が，再委託先のしかも派遣社員から情報が不正に持ち出されたとしても，個人情報保護法や民法のもとでの委託元（B社）の責任は免れない。

　それは，個人情報保護法25条が，事業者は個人情報をデータベース化した「個人データ」の「取扱いの全部又は一部を委託する場合は，

その取扱いを委託された個人データの安全管理が図られるよう，委託を受けた者に対する必要かつ適切な監督を行わなければならない」としているからである。

　これだけだと事業者が具体的に何をどこまでやれば「適切な監督」を行ったことになるのかあいまいだが，個人情報保護委員会策定の「個人情報の保護に関する法律についてのガイドライン（通則編）」3－4－4では，委託先について①安全管理措置を合理的に評価して選定する，②安全管理措置について定めた契約を締結する，③情報の取扱い状況を適切に把握するという3点を求めている。

　同ガイドラインは，さらに，【委託を受けた者に対して必要かつ適切な監督を行っていない場合】として，以下の4つの事例を挙げている。

【委託を受けた者に対して必要かつ適切な監督を行っていない場合】

事例1）　個人データの安全管理措置の状況を契約締結時及びそれ以後も適宜把握せず外部の事業者に委託した結果，委託先が個人データを漏えいした場合

事例2）　個人データの取扱いに関して必要な安全管理措置の内容を委託先に指示しなかった結果，委託先が個人データを漏えいした場合

事例3）　再委託の条件に関する指示を委託先に行わず，かつ委託先の個人データの取扱状況の確認を怠り，委託先が個人データの処理を再委託した結果，当該再委託先が個人データを漏えいした場合

事例4）　契約の中に，委託元は委託先による再委託の実施状況を把握することが盛り込まれているにもかかわらず，委託先に対して再委託に関する報告を求めるなどの必要な措置を行わず，委託元の認知しない再委託が行われた結果，当該再委託先が個人データを漏えいした場合

　B社の場合，こうしたガイドラインの要請を満たしていたとみられる。同社は，委託先の会社がISMS（情報セキュリティマネジメントシステム）を取得していたと公表しているからである。

このため，経済産業省は，B社の流出事故が社会に与えた衝撃の大きさに鑑み，ガイドラインが不十分だとして見直しに着手し，委託先業者に対する監督強化を求めることにした。

⑵　大日本印刷事件

発生当時はそれまで最大規模（863万7千件余り）の個人情報流出事件を起こした大日本印刷のケースは，業務委託先の元社員による不正持出しによるものであった。

大日本印刷が2007年2月に公表したところによると，同社がダイレクトメール（DM）などの印刷物作成のために得意先（43社）から預かった個人情報が流出したとのことであった。

情報を持ち出したのは，大日本印刷の業務委託先で主に販促用のDMを取り扱い，同社の電算処理室内でも勤務していたことがある者であった。勤務時に，データを不正に記憶媒体に書き出し，密かに持ち出したとのことである。

◆　廃棄したパソコンからの情報流出事故

⑴　日置市労働組合個人情報買取請求事件

2012年7月，鹿児島県日置市労組が，パソコンを新機種に更新した際，納入業者に古いパソコン2台の廃棄を依頼，うち1台にはデータが残ったままだったところ，2013年11月中旬，ある男性が事務所を訪れ「オークションでパソコンを買ったらデータが入っていた。データ1件1万円でどうか」と労組委員長に総額約800万円で買取りを要請した。労組は県警日置署に相談すると共に，パソコンを処分した業者へ損害賠償請求も検討した。

残留データには，2005年以降の組合員や元組合員，退職者の氏名，住所，電話番号，口座番号などが書かれた一覧表や，労組事務所職員の給与明細など約500人分が含まれていた。

その後も男性から10回程度，電話で買取りの打診があったが，労組は購入を拒否。2013年12月になると，組合員や市議に対し，流出デー

タや労組の不手際を指摘する手紙計約50通が届いた。

労組に対しパソコン納入業者は「古いパソコンは責任を持って処分する」との口約束を交わしていたが、具体的な処分方法までは決めていなかったという。

(2) 新潟市児童館廃棄予定パソコン持去り事件

2011年12月9日、新潟市児童館「こども創作活動館」の職員が、児童館で使用していたパソコンを廃棄しようと「廃棄物」という張り紙をしたうえで、これを粗大ごみの回収場所である自動車置き場にそのまま置いた。

ところが、同日午後2時半頃に回収に訪れた廃棄物処理業者が、パソコンがないことに気付いた。同パソコンには児童館の利用者や講師の個人情報が記録されていたという。

(3) 岩手県生物工学研究所リース切れパソコン転売事件

2008年3月、岩手県生物工学研究所は、地元企業との5年間のリース契約が満了したパソコン57台を返却し、リース元企業は、仙台にある廃棄物業者に記憶媒体の物理破壊によるデータ消去を条件に回収を依頼した。廃棄物処理業者は同年4月3日に廃棄完了報告をリース元企業に行ったが、荷物の積みおろしを担当していた元アルバイト男性（30代）がパソコンを廃棄される前に持ち出し、廃棄処理をしていないパソコン25台がインターネットオークションに流出した。シンポジウムへの出席者や共同研究者340名の個人情報、出願済みの特許情報なども記録されていた。

◆ 産業廃棄物の不法投棄をした会社役員への株主代表訴訟

石原産業株式会社の株主が、同社の元取締役21人に対し、同社による廃棄物の処理および清掃に関する法律違反による産業廃棄物を原料とする土壌埋戻材（商品名：フェロシルト）の不法投棄に関して、回収費用など489億円を同社に賠償するよう求めた株主代表訴訟を提起

した。大阪地裁は2012年 6 月29日，元取締役ら 3 人の責任を認め，485億8400万円の支払いを命じる判決を言い渡した。

◆ システム開発委託契約のトラブル事例

　　システム開発を外部の専門コンピューターメーカー（ベンダー）に委託するケースは多い。そのなかで委託する側（ユーザー）の多様化・高度化するニーズにベンダーが十分に応えられず裁判トラブルに発展することが少なくない。

　　このトラブル発生を防止するためには，本書第 2 部で扱うような業務委託契約の十分な内容吟味が欠かせない。ここではシステム開発契約がもとで起こった大きな裁判例を紹介しておく。

スルガ銀行対日本IBM事件（東京高判平成25年 9 月26日金判1428号16頁）

　　本件におけるシステム開発委託契約は，システム開発の工程ごとに個別契約を締結し，全個別契約に共通して適用される基本契約を別に締結する多段階契約方式によっていた。裁判では，①延期された後に締結された最終合意書記載の請負報酬額（約89億 7 千万円）は確定額として拘束力をもつか，②本件開発プロジェクトが頓挫したことはいずれの当事者の責任か，③スルガ銀行の被った損害の額などが争点になった。

　　東京地判平成24年 3 月29日判タ1405号254頁は，各争点のうち争点①については，最終合意書記載の金額は個別契約が締結されることを前提としているところ，個別契約の大半は未締結なので，法的拘束力は生じないが，「不法行為上の義務違反の有無を考慮するに当たり意味を有し得る」とし，争点②の判断につながる含みをもたせる判断を示した。

　　争点③については，従来の裁判例同様，ベンダー企業はプロジェクト・マネジメント義務を，ユーザー企業は協力義務を，それぞれ負うことを前提に，それぞれの義務違反がなかったかどうかを検討したが，ユーザーの協力義務違反につき証拠がないなどの理由で否定する一

方，ベンダーの経営陣が「プロジェクト初期の段階で開発手法の選択を誤った」などと認めていたことを理由にその義務違反を認定した。

争点③について判決は，実損害については損害賠償請求を認めたが，逸失利益については不確定要素が含まれているとして棄却した。多段階契約の場合にしばしば問題となる損益相殺の点については，すでに検収まで完了している要件定義工程などの成果物も客観的な価値を有するとはいえないとして，同工程の対価を損害賠償請求の対象にできるとした。

なお，ベンダーから提起した反訴（ユーザーの協力義務違反を理由とする125億5千万円の支払請求）については，ベンダーのプロジェクト・マネジメント義務違反があり，ユーザーが契約解除の意思表示をした以上，本件未払個別契約に基づく契約代金支払義務はなく，ベンダーは未払金の請求権を有しないとして反訴請求を棄却した。

控訴がなされ，東京高等裁判所は2013年9月26日にスルガ銀行の請求のうち約41億7千2百万円を認容し，IBMの反訴請求は棄却した。

控訴審においては，主としてベンダーによるプロジェクト・マネジメント義務違反（不法行為上および債務不履行上），パッケージソフト「Carebank」の採用義務違反，事前検証などの義務違反，説明違反などが問題となった。

高裁判決は，企画・提案段階でもベンダーには信義則に基づく不法行為上の義務としてプロジェクト・マネジメント義務があるとした。ただ，企画・提案段階におけるシステム開発構想などは，一定の修正などがあることを当然に想定するので，企画・提案段階の計画どおりシステム開発が進行しないことなどをもって直ちに同段階におけるベンダーの義務違反があったとはいえないとした。

次に，基本合意（2件）の締結から最終合意に至るまでの間について高裁判決は，最終合意締結以前の段階ではベンダーにプロジェクト・マネジメント義務違反はなかったが最終合意締結後には同義務違反があり不法行為責任を負うと結論づけた。

その理由としては，この段階においてベンダーは本件システムの抜

本的な変更，または，中止を含む説明，提言および具体的リスクの告知をすべきであったがこれを行わなかった点にプロジェクト・マネジメント義務違反があるとした。

　地裁判決と高裁判決は，前提となった認定事実にほとんど違いがなく，ベンダーからの反訴をすべて退けた点も共通し，共にベンダーのプロジェクト・マネジメント義務違反を認めている。

　にもかかわらず高裁判決の認容額が地裁判決の約74億1千3百万円から約41億7千2百万円に減額されたのは，プロジェクト・マネジメント義務違反「時期」認定の違いにある。

　すなわち，地裁判決は本件システム開発当初から同義務違反があったとしたのに対し，高裁判決は最終合意締結後の契約や作業についてのみ損害賠償の対象にした。

　本件最終合意には，損害賠償に関する責任限定条項が含まれており，個別契約の代金相当額を限度額とする，あるいは逸失利益を損害から除外するなどを規定していた。裁判では，同条項の効力が問題となったが，地裁判決は個別契約に関わる限度において効力を有するとし，不法行為責任に基づく損害賠償額については責任限定条項を適用しなかった。

　高裁判決は「本件最終合意及び本件最終合意締結後の各個別契約における責任限定条項は有効であり，スルガ銀行の不法行為に基づく損害賠償にも及ぶ」とした。そのため，逸失利益を損害から除外し，第三者へ支払った費用については，個別契約から派生した損害ではないので責任限定をしなかった。

　責任限定条項の効力については，みずほ証券対東証事件（東京高判平成25年7月24日判タ1394号93頁）が，「契約上の免責規定は，当該契約当事者間における不法行為責任にも適用されると解するのが当事者の合理的な意思に合致すると解される（最高裁平成10年4月30日判決・裁判集民事188号385頁参照）」と述べており，参考になる。

　高裁判決につき上告受理の申立てがなされたが，最高裁判所は受理しなかったために高裁判決が確定した。

3 業務委託契約の論点

◆ 業務委託契約と民法（債権法）改正

⑴ 民法（債権関係）改正法の成立，公布

「民法の一部を改正する法律」（以下「改正民法」という。）および「民法の一部を改正する法律の施行に伴う関係法律の整備等に関する法律」（以下「整備法」という。）が，2017年5月26日に参議院本会議で可決，成立し，同年6月2日に公布された（第44号・第45号）。

改正内容は，意思能力，法律行為，時効，根抵当権，債権の目的および債権の効力，多数当事者，保証債務，債権譲渡および債務引受，債権の消滅，有価証券，契約総則，典型契約，不法行為など，多岐にわたる。

改正民法は，2020年4月1日に施行され，意思能力に関する経過措置，行為能力に関する経過措置など，施行に伴う経過措置について定められた。

整備法については，改正民法の施行に伴い会社法など200を超える関係法律について所要の規定の整備等を行うとともに，所要の経過措置が定められた。整備法は，一部を除き，2020年4月1日に施行された。

⑵ 改正民法が契約実務全般に与える影響

改正民法は，民法の債権関係規定を，制定以来120年ぶりに抜本的に改正する内容をもつ。「債権関係」の多くは，「契約関係」に置き換えられるので，契約実務に及ぼす影響はきわめて大きい。

改正民法が成立したばかりの現時点で企業などが実務で使っている

各種契約書は，改正前民法の規定をもとにこれを適宜修正するなどして作成している。改正民法が成立したことにより，今後は改正民法の提示する契約ルールに沿った契約書づくりが求められる。

　改正点のなかには，改正前民法下においてまだ実務界で定着していなかった判例法理を改正民法で定着させた部分がある。こうした点については，法律が制定，公布になった以上は，その内容を先取りして実務が動き出すことはよくある。

　従来の判例法理を明文化したにすぎないとみられる改正箇所については，あいまいであった適用要件なども含め法文で明確になったところに従って解釈，運用が行われるようになる。

　従来から学界，法曹界で多数説，少数説が入り乱れていた争点に改正民法が"決着をつけた"箇所もある。

　また，B to Bの企業間契約は，継続的取引関係を内容として取り交わされることが多い。そうなると改正民法が施行になった時点でも同契約はまだ有効期間内であるケースも予想される。

(3)　民法改正と業務委託契約

　すでに書いたとおり，業務委託契約は，対象とする「委託業務」の内容が多様なために，きわめてバラエティに富む。

　加えて，業務委託契約は，法的性質でもって，委任（準委任）型と請負型とに分けられる。

　内容的には，業務委託契約が成果物をもたらすことを目的とするかどうかで分類することができる。成果物をもたらすわけではないサービスを対象とするほとんどの場合は，準委任型に分類できる。

　一方，仕事の完成を目的とする請負型は，成果物のある契約と成果物のない契約とに大きく分けられる。部品製造委託やシステム開発委託契約は前者に属し，廃棄物処理委託は後者に属する。

　実際は，準委任型と請負型を明確に区別することは困難で，両者の混合型もかなり多い。

　改正前民法の典型契約には，業務委託契約は入っていないし，改正

民法も入れることはしなかった。そこで，業務委託契約としての改正内容を意識する必要は必ずしもないが，改正の主要内容に応じた契約条項づくりはしなくてはならない。

たとえば，改正民法は契約目的物についての瑕疵担保責任を契約不適合責任に置き換えている。成果物のある請負型では，従来，契約で予定した最後の工程まで終了していれば瑕疵担保の問題として扱われたが，改正民法は，これが「終了」したかどうかにかかわらず，契約不適合責任で処理することに変えた。

したがって，検収とその効果に関する瑕疵担保責任条項，品質保証条項などを改正民法に沿って見直しておくのがよい。

このほか，準委任型の業務委託契約については，中途で終了した場合，改正民法は受任者に帰責事由があってもすでに履行した割合に応じた報酬請求ができるようにルールを改正した。この場合の報酬請求権に関する契約条項を見直すべきであろう。

(4) 契約条項例

契約不適合責任については，「瑕疵」を「種類，品質又は数量に関して契約の内容に適合しない」という文言（民法562条1項参照）に変更することが考えられる。

請負型においても，契約不適合責任に関する民法の規定が適用になる。すなわち，改正前民法には「請負」の章に入っていた担保責任に関する規定が削除され，562条以下が統一的に適用されることになった。

そこで，請負型の製造委託基本契約のひな形においては，「瑕疵」を「契約不適合」に代える作業が行われた。

ただ，重要なのは，どのような場合に「契約不適合」が生じるのか，その具体的内容は何かを，契約の目的との関係でなるべく明らかにし，契約中に規定しておくことである。たとえば，以下のような条項にすることが考えられる。なお，「甲」は委託者，「乙」は受託者を指す。

第○条（契約不適合責任）

1　甲は，乙から受領した成果物に不適合（本仕様書等に記載した事項との不一致のほか，品質規格への不適合，表示規制違反及びその他の成果物の利用の支障となる不具合等をいう。以下本条において同じ。）があったときは，乙に対して成果物の修補，代替物の引渡し又は不足分の引渡しのうち甲が指示した方法による履行の追完請求又は代金減額請求をすることができる。

2　甲は，甲が不適合を知った時から1年以内に限り，前項の請求を行うものとし，それ以降に成果物の不適合を発見した場合は，対応方法及びその条件について，乙と協議の上決定する。

3　本条の規定は，甲による解除権の行使及び乙に対する損害賠償の請求を妨げない。

　　契約の内容に適合するか否かは，契約書の記載のみならず，当事者がどのような経緯，動機，目的で当該契約を締結したのかといった点も判断要素となる。そのため，「不適合」の意義を明確にするほか，契約締結の経緯，動機，目的についても，別の条項で明記しておくことが望ましい。

　　権利行使期間について，民法は，「その不適合を知った時から1年以内」と規定しているところ（637条1項），契約書においてもこれと揃えることが考えられる。もっとも，期間経過後の権利行使の余地を残すため，条項案においては，権利行使期間経過後について，当事者間で協議するものとしている。

　　下請代金支払遅延等防止法（下請法）が適用される取引においては，「委託内容と異なること又は瑕疵等のあることを直ちに発見することができない給付について，受領後1年を経過した場合」には，「親事業者が費用の全額を負担することなく，下請事業者の給付の内容が委託内容と異なること又は瑕疵等があることを理由として給付内容の変更又はやり直しを要請することは認められない」（公正取引委員会「下

請代金支払遅延等防止法に関する運用基準」第4　8(3)エ)。

　なお，条項案は，委託者である甲に有利な規定となっている。受託者である乙に有利な規定とする場合は，履行の追完の方法について乙にイニシアティブを与える，甲の権利行使期間を短くする，甲が履行の請求をした場合の解除権および損害賠償請求権を制限する，などが考えられる。

　2020年4月1日より前に締結された契約については「なお従前の例による」ところ（平成29年6月2日法律第44号附則34条1項），不適合の発見や権利行使が2020年4月1日以降であっても，契約が同日以前に締結されている場合は，改正前民法の規定が適用される点に注意が必要である。

　報酬請求権については，報酬が支払われる委任契約には履行割合型と成果完成型の2種類があるとの考えの下，履行割合型については委任者の責めに帰することができない事由によって委任事務の履行をすることができなくなったとき（民法648条3項1号）または，委任者が履行の途中で終了したとき（同項2号）は，受任者は，「既にした履行の割合に応じて」委任者に対して報酬を請求することができるものとされた。

　成果完成型については，請負契約に類似することに鑑み，成果の引渡しを要する場合には成果の引渡しと同時に（648条の2第1項），引渡しを要しない場合には成果が完成した後に委託者に対して報酬の支払を請求すること（648条2項）ができるようになった。

　もっとも，ある委託契約が準委任型と解釈されたとしても，さらに履行割合型なのか成果完成型なのか予測が困難である。そのため，契約書には報酬の支払時期等を明記しておく必要がある。

　受任者の過失により契約を解除した場合であっても，「既にした履行の割合」（648条3項2号）に応じて報酬の部分的請求が認められてしまう。そのため，委任者としては，特約でかかる請求を排除しておくことが好ましい。以下には，中途で契約が終了し，受託者に帰責事由がある場合には既履行部分について報酬を求めることはできない旨

の条項例を示す。

第○条（委託料）

1　〔省略〕

2　本契約が乙の責めに帰すべき事由により契約期間途中で終了した場合，乙は甲に対し，既履行部分についての委託料の支払を請求することができない。

◆ システム開発委託の類型

　　コンピューター・システムが現代企業経営の根幹をなしていることは論を俟たない。もっとも，システム開発契約（ひいてはソフトウェア開発）と一口に言ってもその様相は多様化している。

　　たとえば，ある程度パッケージ化されたシステムを提供するものから，ユーザー（委託者）の要望に応えカスタムしたシステムをベンダー（受託者）が開発・提供するもの，大規模なシステム開発から小規模なシステム開発に至るもの，ベンダーが1業者のものから複数の業者のもの（マルチベンダ方式），従来から行われてきたウォーターフォールモデルのものから，近年注目されてきている非ウォーターフォールモデル（アジャイル型など）のものまで存在する。

　　システム開発委託契約を締結するにあたり，これら多様な類型のうち，どの類型を採用するのかを意識し，個別の契約書に反映させることが必要である。

(1)　ウォーターフォールモデル

　　ウォーターフォールモデルは，経済産業省から公表された「情報システム・モデル取引・契約書（受託開発（一部規格を含む），保守運用）〈第二版〉」が採用するモデルでもあり，日本において従来から用いられていたモデルである。

　　システム開発の方式として，「基本計画」「外部設計」「内部設計」「プログラム設計」「プログラミング」「テスト」「運用」などの工程に

分けて順に段階を経て行う点に特色を有している。

　このモデルが採用される背景には，情報システムの開発に関する委託契約において，ベンダーによる情報処理に関する技術および知識の提供あるいはこれらの技術および知識に基づいて成果物を作成する前提として，ユーザーによる機能要件・非機能要件の早期かつ明確な確定が不可欠であるとの考えがある。この点，作成すべき成果物など仕事の内容が明確となっている請負契約の場合とは異なる。

　そのため，超上流工程といわれる工程の初期段階において，知識を持たないユーザーはコンサルティング会社等を活用することが想定されている。

　ウォーターフォールモデルでは，大規模のシステムを高い品質で作ることに適している。

　一方で，基本契約の策定など契約交渉の初期段階で時間がかかりスピードに欠けること，そもそも契約の初期段階でニーズを正確に把握し要求を固定することが困難であること等のデメリットが指摘されている。

　なお，2020年12月に経済産業省が公表した「～情報システム・モデル取引・契約書～（パッケージ，SaaS/ASP 活用，保守・運用）＜第二版　追補版＞」，一般社団法人電子情報技術産業協会（JEITA）の「ソフトウェア開発モデル契約（2020年版）」および一般社団法人情報サービス産業協会（JISA）の「JISAソフトウェア開発委託基本モデル契約書2020」も参考になる。

(2)　アジャイル型

　以上のような指摘を踏まえ近年では，非ウォーターフォールモデル（アジャイル型など）が注目されている。一般にアジャイル型は，イテレーション（反復）と呼ばれる短いサイクルごとに1つの機能を開発し，これを繰り返す手法である。契約初期段階における開発全体の要件が明確になる前に開発に着手し，スピードを重視した開発手法といえる。

また，小単位で実装とテスト実行を繰り返し行うため，不具合が生じても前の工程に戻って直すことができ，変更がスムーズにできることにメリットがあるとされる。

　デメリットとしては，業務開始時点において納期を確定しにくいこと，成果物が明確に定まっていないことなどが指摘されている。アジャイル型のシステム開発を成功させるためには，ウォーターフォールモデル以上にユーザーとベンダーの緊密な協力体制が必須とされていることにも特徴がある。アジャイル型の開発モデルを採用した場合の契約書モデルとしては，情報処理推進機構（IPA）が公表しているものが参考になる。

◆ マイナンバー制度の導入と個人データ処理などの外部委託

⑴　マイナンバー制度と企業

　マイナンバー制度は，2013年5月に公布された2本の法律（行政手続における特定の個人を識別するための番号の利用等に関する法律，および同法の施行に伴う関係法律の整備等に関する法律）によって導入された。マイナンバー制度のねらいは，以下の2点にまとめられる。

> ①　国・行政機関や地方公共団体が社会保障，税，災害対策の分野で保有する個人情報とマイナンバーとをひもづけて効率的に情報の管理を行う
> ②　マイナンバーを活用して国民の個人情報を他の機関との間で迅速かつ確実にやり取りできるようにすることで，行政事務の効率化と行政サービスを利用する国民の利便性の向上を図る

　マイナンバー制度は，2016年1月以降，社会保障，税および防災・災害対策分野の行政事務に係る手続きを手始めに，順次施行に移されている。

　同制度の下で，民間企業は，「個人番号関係事務実施者」の立場でマイナンバーを取り扱わなくてはならない。すなわち，民間企業は自らの事業でマイナンバーを利用することはできず，行政機関がマイナ

ンバーを行政手続効率化などのために利用するのを補助的な立場で関
与する。

　2016年1月にマイナンバー制度がスタートしてからすぐにも行わな
くてはならなかったのは，従業員への給与支払などについての人事給
与関係事務と法定調書関係事務である。大きさや規模にかかわらず，
ほとんどすべての事業者が対応しなくてはならなかった。

(2)　マイナンバー法と個人情報保護法によるデータ処理の委託 などの規制

　マイナンバー法は，個人情報保護法の特別法である。マイナンバー
を含む個人情報を「特定個人情報」というが，マイナンバー法は「特
定個人情報」の適切な取扱いを確保するための特則を規定しており，
「特別法は一般法に優先する」との原則に従い，これらの特則が優先
的に適用される。

　マイナンバー法が特則を設けていない部分については個人情報保護
法が適用される。マイナンバー法の特則にも，新たに書き起こされた
規定，個人情報保護法の規定を読み替える規定，およびその一部を適
用除外する規定がある。

　マイナンバー法はマイナンバーや特定個人情報の適切な取扱いを確
保するために，データ処理の外部委託などにつき個人情報保護法より
厳しい規制をしている。

　個人情報保護法と比較した規制内容は，①特定個人情報の利用に関
する利用規制，②特定個人情報の提供，収集，本人確認などに関する
提供規制，③特定個人情報の管理，委託などに関する管理規制，④本
人からのアクセスを充実させるための措置，⑤情報の不正取扱いに対
する執行強化に分けられる。

　より具体的には，企業にとって次の2点について注意が必要になる。
　第1に，個人情報保護法では，「個人情報取扱事業者」（個人情報
データベース等を事業の用に供している者で，国や公共団体などを除
く者をいう。）だけが個人情報を安全に管理するための措置を求めら

れる。

　これに対し，マイナンバー法では中小の企業を含む実質的にすべて
の民間事業者が「個人番号関係事務実施者」および「個人番号利用事
務実施者」とされ，特定個人情報の安全管理措置を実施しなくてはな
らず，従業者に対する必要かつ適切な監督も求められる。

　第2に，個人情報保護法では死者の個人情報は保護の対象から外れ
ているが，マイナンバー法の下では対象に入る。

(3)　民間事業者の行うべき「個人番号関係事務」，「安全管理措置」と外部委託

　マイナンバー法の下でほとんどの民間事業者・企業は，「個人番号
関係事務実施者」として，行政機関による行政手続効率化などのため
のマイナンバー利用に補助的に関与しなくてはならない。この立場で
行わなければならない個人番号関係事務は，行政機関等にマイナン
バーを記載した書面を提出することが中心である。

　一方，マイナンバー法6条は，事業者は「…基本理念にのっとり，
国及び地方公共団体が個人番号及び法人番号の利用に関し実施する施
策に協力するよう努めるものとする」としている。

　民間企業が行うのは，行政機関によるマイナンバーの利用を補助す
る事務だが，2016年1月の利用開始後，これを適切に行うには，事前
に人事給与面のシステム改修を済ませ安全管理措置などを整備してお
かなくてはならない。

　問題は，マイナンバー法の下で民間事業者が行うべきこれらの事務
や措置の全部または一部を外部に委託できるかどうかである。

　マイナンバー法の下でも，「個人番号関係事務」の全部または一部
を第三者に委託することができる（10条）。ただ，再委託，再々委託な
ど，再委託以降の委託を行う場合には最初の委託元の許諾が必要にな
る。この点は，個人情報保護法の場合と異なるので注意が必要になる。

　また委託先，再委託先などは，個人情報保護法上の個人情報取扱事
業者でなくても，個人番号関係事務実施者としての規制に服さなけれ

ばならない。

　さらに，個人番号関係事務等を委託する者は，特定個人情報の安全管理措置が適切に講じられるよう，受託者に対する必要かつ適切な監督を行わなくてはならない。

　この「安全管理措置が適切に講じられる」べき点につき，個人情報保護委員会策定の「特定個人情報の適正な取扱いに関するガイドライン（事業者編）」は，「番号法に基づき委託者自らが果たすべき安全管理措置」を意味するとしている。また，同等レベルの措置が講じられるか否かについてあらかじめ確認するよう求めている。

　同ガイドラインは，マイナンバーまたは特定個人情報ファイルの削除，廃棄の作業を委託する場合には，委託先が確実に削除，廃棄したことにつき，証明書などによる確認を必要としている。また，同ガイドラインは，「必要かつ適切な監督」のために，委託先による安全管理措置の一環として以下のような一定の内容をもった契約の締結を求めている。

［契約に入れることが義務付けられる内容］
① 秘密保持義務
② 事業所内からの特定個人情報の持出しの禁止
③ 特定個人情報の目的外利用の禁止
④ 再委託における条件
⑤ 漏えい事案等が発生した場合の委託先の責任
⑥ 委託契約終了後の特定個人情報の返却または廃棄
⑦ 従業者に対する監督・教育
⑧ 契約内容の遵守について報告を求める規定

［契約に入れることが望まれる内容］
① 特定個人情報を取り扱う従業者の明確化
② 委託者が委託先に対して実地の調査を行うことができる規定等

---

(4) マイナンバー取扱業務を外部委託するにあたりとくに注意すべき点

　事業者がマイナンバーを取り扱う業務を委託する際は，①委託先を適切に選定する，②委託先に安全管理措置を遵守させるために必要な契約を締結する，③委託先における特定個人情報の取扱状況を把握する必要があるため，これらの事項に注意した上でマイナンバーを取り扱う業務を委託する必要がある。

　個人情報保護法においても，委託先に対する必要かつ適切な監督が求められる。同法上の委託先の監督義務とマイナンバー法上の監督義務とはどのように違うのであろうか。

　基本的には，個人情報保護法上の委託先の監督義務とマイナンバー法上の監督義務とは相違ないものと考えられるが，マイナンバー法上の安全管理措置に特有なものとして以下がある。

　個人番号を取り扱う事務の範囲の明確化や特定個人情報等の範囲の明確化，事務取扱担当者の明確化，個人番号の削除・機器および電子媒体等の廃棄があり，委託先の監督においてもこれらの事項につき監督をしなければマイナンバー法上の委託先に対する監督を行ったとはいえない。

(5) 個人情報とマイナンバーを取り扱う条項を分けるべきか

　事業者がマイナンバーの管理を第三者に委託する場合，委託に係る個人番号関係事務において取り扱う特定個人情報の安全管理が図られるよう，委託先に対する必要かつ適切な監督を行わなければならない（マイナンバー法11条）。

　委託先への監督を適切に行うためには，上述のとおり，①委託先の適切な選定，②委託先に安全管理措置を遵守させるために必要な契約の締結，③委託先における特定個人情報の取扱状況の把握が必要になる。

　委託先に安全管理措置を遵守させるために必要な契約内容の概略は，前頁のとおりである。そのほか，特定個人情報を取り扱う従業者を明確にすることや，委託者が委託先に対して実地の調査を行うことがで

きる旨の規定を定めることなどが考えられる。

　業務委託契約書の内容が，マイナンバー法上の委託先に対する必要かつ適切な監督を行う上で十分であれば，マイナンバー法上，必ずしも個人情報の取扱いと特定個人情報の取扱いの条項を分別した契約を締結する必要はない。

　なお，同様の理由で，既存の業務委託契約について，マイナンバー法上求められる委託先に対する必要かつ適切な監督として十分であるといえる場合は，改めてマイナンバーに関する業務委託契約を締結する必要はない。

(6)　コンピューターの保守を委託する場合の注意点

　個人情報をその内容に含む電子データのためのハードウェア・ソフトウェアなどの保守を委託する場合，委託先がマイナンバーをその内容に含む電子データを取り扱うかどうかを確認する必要がある。委託先がマイナンバーをその内容に含む電子データを取り扱う場合には，マイナンバー法上の委託に該当し，マイナンバー法に基づき委託先に対し必要かつ適切な監督を行う義務が生じる。

　マイナンバー法11条において委託先に対し必要かつ適切な監督を行うのは，個人番号関係事務の全部または一部の委託をする場合に限られる。したがって，ハードウェア・ソフトウェアの保守委託契約において，個人番号を含む電子データを取り扱わないと定めており，適切にアクセス制御を行っている場合には，個人番号関係事務の全部または一部を委託しているとはいえないため，委託者はマイナンバー法上求められる委託先に対する必要かつ適切な監督の義務を負わない。

　なお，ハードウェア・ソフトウェアの保守がマイナンバー法上の委託に該当しない場合であっても，事業者は自ら果たすべき安全管理措置の一環として適切な安全管理措置を講ずる必要がある。

　さらに，保守サービスを提供する事業者が保守のため記録媒体等を持ち帰ることが想定される場合には，マイナンバー法上の委託に該当するため，あらかじめ特定個人情報の保管を委託し，安全管理措置を

確認したうえで，必要かつ適切な監督を行う必要がある。

⑺　個人情報の保管にクラウドサービスなどを利用する場合

　クラウドサービスは，これまで利用者の手元で利用していたソフトウェアやデータなどを，インターネットなどのネットワークを通じて必要に応じて利用者に提供するサービスをいう。

　同サービスを利用すれば，マイナンバーを含む特定個人情報をネットワーク上のサーバーなどに保存し，必要に応じネットワーク上のサーバーなどから情報を取り出すことができる。

　では，クラウドサービスに特定個人情報を保管する場合，事業者はクラウドサービス提供者にマイナンバー法上の委託をしているといえるか。

　マイナンバー法11条において委託先に対し必要かつ適切な監督を行うのは，個人番号関係事務の全部または一部の委託をする場合に限られている。

　したがって，事業者クラウドサービス提供者との間の契約においてマイナンバーを含む電子データを取り扱わないことが定められており，適切にアクセス制御を行っている場合には，個人番号関係事務の全部または一部を委託しているということはできないため，事業者はクラウドサービス提供者に対しマイナンバー法上求められる，必要かつ適切な監督の義務を負わない。

　なお，クラウドサービスがマイナンバー法上の委託に該当しない場合，委託先の監督義務は課されないが，クラウドサービスを利用する事業者は，自ら果たすべき安全管理措置については当然に講じる必要がある。

⑻　クラウドサービス利用企業からの個人情報流出と業務委託契約中のアクセス権限設定

　クラウドサービスを利用し，個人データを預け保管する場合，個人データの取扱業務の全部または一部をサービス提供者に委託したこと

になるかというと必ずしもそうではない。

　業務委託をしたといえるかどうかを決める分かれ目は，利用契約上，アクセス制御が誰の手でどこまでなされるかによる。

　この点に関し，利用契約・規約におけるクラウド業者の責任範囲を利用者側で十分に理解しなかったことが原因とみられる個人情報流出事故が，2020年12月から翌年3月にかけて相次いだ。

　2021年2月には，顧客情報管理業務クラウドにおける世界最大手であるSF社のクラウドサービスシステムを使っていた岡山県の約20の自治体などで，住民の個人情報が外部から閲覧されていた事実が判明した。

　こうした流出事故につき，SF社は，ウェブサイト上で，原因は利用企業の側でアクセス権限の設定を適切に行っていない点にあると説明した。一般に，クラウドサービスは，利用企業の側でアクセス権限などを適切に設定すべき責任を負うと契約上されている。

　もし初期設定のままだと，すべての人に公開する設定になるクラウドサービスもあるというが，そのあたりに気づかず利用していた企業も少なくないらしい。

　事態を重くみた個人情報保護委員会は，2021年2月8日，「WARNING～クラウドサービスやテレワーク環境を利用する際の個人情報の漏えいに関する注意喚起～」と題する"警告"を発し，以下のとおり利用者による認識不足でクラウドサービス上の個人情報を誤って公開してしまうことへの〈対策例〉を載せている。業務を委託する場合の注意事項も書かれており，実務上参考になる。

- 利用するクラウド毎の責任共有モデル（※）を確認し，クラウド業者の責任範囲と自社の責任範囲を正しく理解する。自社の責任範囲であるネットワーク設定（セキュリティグループ），ストレージ公開設定，オブジェクト参照権限は適切であるか確認する（業務を委託している場合は委託業者に確認を徹底させる）。
- 初期設定も含めて現状の設定内容を確認し，設定変更する必要があるかどうか確認する。

  ※クラウド業者側と利用者側の双方で役割を分けて，全体のセキュリティを担保しようという考え方

◆ データ分析の業務委託

(1) 注目を浴びるIoTと政府の動き

　近年，大半の家庭にインターネットが普及したほか，多くの人が携帯電話，スマートフォンを持ち，今やインターネットへの接続が生活に不可欠な要素となっている。インターネットへの接続環境が整備されたことに伴い，モノとインターネットをつなぐ，いわゆるIoTが大きな注目を集めている。

　IoTは，Internet of Thingsの頭文字をとった造語である。直訳すれば「モノのインターネット」で何のことかよくわからない。IoTが大文字と小文字の組み合わせになっているのはofが前置詞だからである。

　外国のコーヒー加工・卸大手企業の日本法人が，あらゆるモノがインターネットにつながるIoTの技術を活用したサービスを2016年秋から始めた。同社が企業の職場や個人宅に配置するコーヒーマシンにIoT機器を組み合わせ，離れていてもコーヒー粉の残量把握や自動発送ができるようにするという。さらに次のようなIoT活用法も考えられている。たとえば，一人暮らしの高齢者が定期的に機器を使っているかどうかを安否確認の手段とするなどである。

　一方で，IoTの"法的インフラ"整備も進展している。2016年4月20日，「国立研究開発法人情報通信研究機構法及び法定通信・放送開

発事業実施円滑化法の一部を改正する等の法律」が国会で成立し，同年5月31日に施行された。

　この法律は，高度情報通信ネットワーク社会の形成に寄与するため，国立研究開発法人情報通信研究機構（NICT）の業務の範囲に，サイバーセキュリティ演習及びIoTの実現に資する新たな電気通信技術の開発等の促進に係る業務を追加するほか，廃止期限の到来に伴い電気通信基盤充実臨時措置法を廃止する，との概要をもっている。

　政府筋のこうした概要説明を読んでも，やたらと長い法律名でもあり，けっして理解しやすい法律とは言えない。ただ，立法を担当した総務省内では，「IoTの"光と影"法案」と呼んでいたという。"光"の部分は何かというと，「新たな電気通信技術の開発の促進」である。"影"の部分は，「サイバーセキュリティ」対策である。

　近年，ネットワーク社会が進展する中でサイバー攻撃の脅威が増大している。今後，IoTが本格的に普及していくと，これまで接続されていなかった自動車やカメラなどがインターネットに接続されるようになり，新たな脅威を生み出す。

　リスク管理は，リスクの洗い出しと認識から始まるが，IoTの場合は，「つながることによるリスク」をどこまで想定できるかがリスク管理の成否を分ける。これに関し，2016年7月，総務省と経済産業省の「IoT推進コンソーシアム」は「IoTセキュリティガイドラインver1.0」を公表した。

　同ガイドラインは，IoTのサービス提供にあたってのライフサイクル（方針，分析，設計，構築・接続，運用・保守）における指針を定めるとともに，一般利用者のためのルールを定める。IoTのリスク認識・分析については，「つながることによるリスク」想定のほか「守るべきものを特定する」ことを要点として掲げている。

　そのうえで，「守るべきものを守る設計を考える」との指針のもと「つながる相手に迷惑をかけない設計をする」ことを要点とする。さらに詳しく「他の機器とつながることにより，セキュリティ上の脅威や機器の故障の影響が波及するリスクを想定しておくことが重要」と

の指摘もしている。

(2) IoTとデータ取引

　IoTは，先に説明したコーヒーマシン以外の分野でも導入が進んでいる。ある製鉄メーカーが，工場の生産の現場にIoTを導入することによって生産コストの削減につなげることを目指すとの新聞報道もなされた。

　身近なところでは，家電とインターネットをつなぐ「IoT家電」がある。将来的には冷蔵庫の中に何が入っているかを冷蔵庫自身が把握し，買い物リストを作成，インターネットを介してスマートフォンに送付してくれるといった機能を持つ冷蔵庫の出現が予測されている。

　IoT技術を利用した場合，利用者の個人的な趣向や生活スタイルなどの情報が企業に集まることになる。例えば，上述のIoT冷蔵庫の場合には，個人の好きな食べ物や在宅時間，在宅中の生活スタイルなどありとあらゆる情報が企業に集まることとなる。

　このようにして集められたデータ，いわゆるビッグデータは，きわめて大きな価値を有する。情報源の個人に対するマーケティングに利用できることはもちろん，他の似たような嗜好，生活スタイルを持つ者に対するマーケティングにも活用できる。

　すでに，インターネットの検索エンジンや大手インターネット通販などの大手プラットフォーマーは，事業で得た情報をマーケティングに利用しているようである。

(3) 匿名加工情報によるデータ取引の拡大の可能性

　プラットフォーマーとしての機能を持たない企業は，個人情報を含むビッグデータを利用することはできないのだろうか。

　個人情報の取扱いについて定める個人情報保護法27条は，原則として本人の同意を得ない限り個人データを第三者に提供してはならないとする。ここで，「個人データ」とは，個人情報データベース等を構成する個人情報をいい，「個人情報データベース等」とは個人情報を

含む情報の集合物であって，法令に定めがあるものをいう。

　同条の規定により，個人情報を含むビッグデータは，本人の同意を得ない限り，第三者に提供することが難しかった。また，個人データの取扱いや提供についてはデータ内容の正確性の確保や第三者提供に係る記録の作成，第三者提供を受ける際の確認などの義務が課されており，個人情報の保護のためであるとはいえ，利用する企業からすると，個人情報を利用しにくい状況があった。

　しかし，2015年個人情報保護法改正により，「匿名加工情報」が新設された。匿名加工情報は第三者に対する提供が自由に行える個人に関する情報であり，企業が持つビッグデータの活用の可能性が大きく広がった。

　とくに，プラットフォーマーではない企業にとっては，マーケティング分析などに他社のビッグデータを活用する道が開けたため，ビジネスチャンスが大きく広がった。また，匿名加工情報をオープンにやり取りする情報流通プラットフォームの実現も期待されている。

　このような情報流通の自由化は，話題のAIやFintechにもつながる。匿名加工情報を利用すれば，統計情報を利用する場合より効率的にAIに学習させることが可能となろう。また，例えば家計簿アプリを利用した者から個人情報を集めた事業者が，当該情報を銀行などと共有し，融資の際の与信判断などに利用することが考えられる。

(4)　データ取引，AIと業務委託契約

　匿名加工情報は，法律に定められた区分に応じて特定の個人を識別することができないように個人情報を加工して得られる個人に関する情報で，元の個人情報を復元することができないようにしたものをいう。匿名加工情報の作成の基準については個人情報保護委員会規則で定められる。また，匿名加工情報を取り扱う企業は，匿名加工情報の安全のために必要かつ適切な措置等を講じなければならないなど，一定の義務が課されている。

　これまでも個人情報ではない，統計情報については，個人情報保護

法の適用外として自由に情報を提供し，また受け取ることができた。しかし，匿名加工情報の新設により，今後はより生の「個人情報」に近い情報が流通することになると予想される。生の「個人情報」に近いため，統計情報ではできなかった分析やマーケティングが可能となろう。

　もっとも，個人情報の流出は大きな社会問題となることが多く，情報の流出元の企業のほか，情報の提供元となった企業までもレピュテーションリスクにさらされることが少なくない。匿名加工情報は特定の個人を識別することができないように個人情報を加工して得られる個人に関する情報ではあるものの，匿名加工情報という耳慣れない言葉を聞いた消費者が，「個人情報」の流出と同レベルの不安を感じる可能性がある。

　また，2016年10月１日には，消費者の財産的被害の集団的な回復のための民事裁判手続の特例に関する法律（消費者裁判手続特例法）が施行され，個人情報流出に関する訴訟リスクも高まっている。

　契約書は，このようなリスクを適切に管理するためのツールになりうるものである。ビッグデータに関する業務委託契約としては，ビッグデータの解析の業務委託契約が考えられる。例えば，多数の個人情報を抱える企業が，マーケティングへの利用のために情報の解析を外部に委託する場合である。場合によっては，解析にAIを利用する場合も考えられよう。匿名加工情報を利用すれば，「個人情報」を外部に提供する場合と比較して，法的な困難が少なく済む。

⑸　ビッグデータ売買の指針公表

　個人情報保護委員会は，2017年２月27日，クレジットカードの購買情報や自動車の走行記録などから得られるビッグデータを，企業が活用しやすくする「個人情報保護委員会事務局レポート：匿名加工情報『パーソナルデータの利活用促進と信頼性確保の両立に向けて』」（以下「事務局レポート」という。）を作成，公表した。

　事務局レポートは，氏名や電話番号，住所といった個人情報を，特

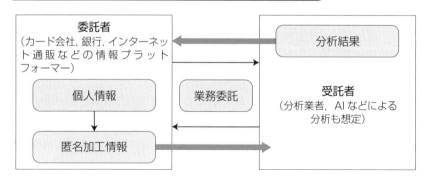

定できないようにデータを加工することで，本人の同意なしに企業間
で売買可能にする。

　背景には，個人情報を十分に加工すれば本人の同意なしで二次利用
できるようにした2015年個人情報保護法改正がある。課題は，どの情
報を，どこまで，どのように加工すればよいかであり，事業者が知り
たいのはその点であった。事務局レポートはそうした疑問に答えるた
めにつくられた。

　事務局レポートが具体的に加工方法を示したのは，以下の5項目の
データについてである。

---

①　自動車の走行データ

②　クレジットカードの利用情報

③　小売事業者が保有するPOSデータ

④　交通系ICの乗降履歴

⑤　電力利用履歴

　事務局レポートは，これら5項目のデータを加工する場合の共通
ルールとして以下の4つを挙げている。

- 氏名，マイナンバー，携帯電話番号，クレジットカード番号などは全部削除
- IDや会員番号は削除するか，仮IDに置き換え
- 住所は市町村単位までとし，町名，番地，マンション名などの詳細を削除
- 年齢は10歳刻み

　事務局レポートは，「4.3　匿名加工情報作成のための参考情報」の項において「代表的な加工手法」を46頁の図表3のようにまとめている。

(6)　仮名加工情報に関する規定の新設

　2020年改正個人情報保護法により，「仮名加工情報」が新設された。仮名加工情報とは，他の情報と照合しない限り個人を識別することができないように個人情報を加工して得られる個人に関する情報をいう（個人情報保護法2条5項）。

　仮名加工情報は，個人情報である仮名加工情報と，個人情報でない仮名加工情報に分けられる。

　仮名加工情報を作成した個人情報取扱事業者において，作成に用いた個人情報や当該個人情報から削除した記述等と容易に照合して，特定の個人を識別することができる程度に加工した場合，当該仮名加工情報は，個人情報である仮名加工情報に該当する。

　仮名加工情報の取扱いの委託を受けて当該仮名加工情報の提供を受けた事業者において，当該仮名加工情報を他の情報と容易に照合しても，特定の個人を識別することができない場合，当該仮名加工情報は，個人情報でない仮名加工情報に該当する。

　仮名加工情報の加工基準については，個人情報保護法施行規則31条1〜3号が定めており，「個人情報の保護に関する法律についてのガイドライン（仮名加工情報・匿名加工情報編）」は，以下のような

【想定される加工の事例】を挙げている。

① 特定の個人を識別することができる記述等の削除（1号）

事例1）会員ID，氏名，年齢，性別，サービス利用履歴が含まれる個人情報を加工する場合に次の措置を講ずる。

1）氏名を削除する。

事例2）氏名，住所，生年月日が含まれる個人情報を加工する場合に次の1から3までの措置を講ずる。

1）氏名を削除する。

2）住所を削除する。又は，○○県△△市に置き換える。

3）生年月日を削除する。又は，日を削除し，生年月に置き換える。

---

② 個人識別符号の削除（2号）

③ 不正に利用されることにより財産的被害が生じるおそれのある記述等の削除（3号）

事例1）クレジットカード番号を削除する。

事例2）送金や決済機能のあるウェブサービスのログインID・パスワードを削除する。

なお，「『個人情報の保護に関する法律についてのガイドライン（匿名加工情報編）の一部を改正する告示案』に関する意見募集結果」によると，個人情報保護委員会は，仮名加工情報の活用事例等について，今後，事務局レポート等を公表することを検討しているようである。

仮名加工情報の新設により，企業は，個人情報を仮名化することで，従来の匿名加工情報よりも詳細な分析を実施することができるようになる。これに伴い，企業は，仮名加工情報の取扱いを外部に委託することも増えるであろう。その場合，委託者は，個人情報である仮名加工情報であれ，個人情報でない仮名加工情報であれ，個人情報保護法の委託先の監督に関する規定（25条）が適用されることに留意してお

く必要がある。

⑺　L社流出事件—業務委託先である中国の子会社から情報流出のおそれが発生

　通信アプリ大手のL社は，2021年3月，システム開発やデータ分析を業務委託していた中国子会社の従業員が，日本国内のサーバーに保管していた利用者の個人情報を閲覧できる状態になっていたと公表した。

　L社は，個人データ保管委託先の監督体制に不備があったとして，同年4月，個人情報保護委員会と総務省から，それぞれ行政処分を受けた。総務省の処分は，電気通信事業法に基づいていた。

　L社の特殊親会社であるZHDの外部有識者による特別調査委員会は，同年10月18日，最終報告書を公表した。同報告書は，まず，中国子会社がL社のデータにアクセスしていたことについて，「経済安全保障」への適切な配慮ができていなかったと指摘した。

　さらに同報告書は，韓国でデータを保管していたにもかかわらず，利用者に不正確な説明をし，官庁や自治体にも「データは日本に閉じている」と実態とは異なる説明をしていたことについて，社会的な信頼を損なうもので不適切であったと指摘した。またL社をはじめグループ内の主要な会社には，経済安全保障およびプライバシー保護の責任者を置き，互いに監督し合う体制とすることを求めた。

　同報告書は，データの流出が実際にあったとは認めていないが，デジタルデータの2大要素である個人データと産業・技術データ両面において法令違反のおそれを孕むものであったことは否定できない。

　個人情報保護法は，2020年に改正がなされ，2022年4月から施行になった。改正前の同法は，利用者の同意があれば個人データの国外移転を認める。そこで，L社は，利用者向け指針において「パーソナルデータを第三国に移転することがある」と明記していたから，法的に問題はないとしていた。

　だが，利用者が中国にデータを移転することを知っていたら，「同

手法名	解　説
項目削除	加工対象となる個人情報データベース等に含まれる個人情報の項目を削除するもの。たとえば，年齢のデータをすべての個人情報から削除すること。
レコード削除	加工対象となる個人情報データベース等に含まれる個人情報のレコードを削除するもの。たとえば，特定の年齢に該当する個人のレコードをすべて削除すること。
セル削除	加工対象となる個人情報データベース等に含まれる個人情報の特定のセルを削除するもの。たとえば，特定の個人に含まれる年齢の値を削除すること。
一般化	加工対象となる情報に含まれる記述等について，上位概念もしくは数値に置き換えること。たとえば，購買履歴のデータで「きゅうり」を「野菜」に置き換えること。
トップ（ボトム）コーディング	加工対象となる個人情報データベース等に含まれる数値に対して，とくに大きいまたは小さい数値をまとめることとするもの。たとえば，年齢に関するデータで，80歳以上の数値データを「80歳以上」というデータにまとめること。
レコード一部抽出	加工対象となる個人情報データベース等に含まれる個人情報の一部のレコードを（確率的に）抽出すること。いわゆるサンプリングも含まれる。
項目一部抽出	加工対象となる個人情報データベース等に含まれる個人情報の項目の一部を抽出すること。たとえば，購買履歴に該当する項目の一部を抽出すること。
ミクロアグリゲーション	加工対象となる個人情報データベース等を構成する個人情報をグループ化した後，グループの代表的な記述等に置き換えることとするもの。
丸め（ラウンディング）	加工対象となる個人情報データベース等に含まれる数値に対して，四捨五入等して得られた数値に置き換えることとするもの。
データ交換（スワッピング）	加工対象となる個人情報データベース等を構成する個人情報相互に含まれる記述等を（確率的に）入れ替えることとするもの。たとえば，異なる地域の属性を持ったレコード同士の入れ替えを行うこと。
ノイズ（誤差）付加	一定の分布に従った乱数的な数値等を付加することにより，他の任意の数値等へと置き換えることとするもの。
疑似データ生成	人工的な合成データを作成し，これを加工対象となる個人情報データベース等に含ませることとするもの。

意」を与えたとみられるかどうかは疑わしい。中国では，2017年施行になった国家情報法があり，国家が民間企業などに情報提供を強要できるからである。

2020年改正個人情報保護法は，移転先の国や制度を説明し，理解を得ることを「同意」の条件にする。関連して，改正「個人情報の保護に関する法律についてのガイドライン（通則編）」3−8−1は，【安全管理のために講じた措置として本人の知り得る状態に置く内容の事例】として，「個人データを保管しているＡ国における個人情報の保護に関する制度を把握した上で安全管理措置を実施」することを挙げる。

また，「外国（本邦の域外にある国又は地域）の名称については，必ずしも正式名称を求めるものではないが，本人が合理的に認識できると考えられる形で情報提供を行う必要がある。また，本人の適切な理解と関与を促す観点から，保有個人データを取り扱っている外国の制度についても，本人の知り得る状態に置くといった対応が望ましい」とする。

この点を除いても，個人情報保護法が改正前から求める委託先の監督義務に違反するおそれは拭いきれなかった。

L社では，2021年3月31日，プライバシーポリシーを改訂し，海外移転先は韓国やベトナムであることを明記した。

◆ 取締役会の実効性評価に係る外部委託

(1) 取締役会の実効性評価とは

2015年6月1日から適用開始となったコーポレートガバナンス・コード原則4−11の第2段落は，「取締役会は，取締役会全体としての実効性に関する分析・評価を行うことなどにより，その機能の向上を図るべきである。」とし，同補充原則4−11③は，「取締役会は，毎年，各取締役の自己評価なども参考にしつつ，取締役会全体の実効性について分析・評価を行い，その結果の概要を開示すべきである。」とする。

東京証券取引所が定期的に公表する「コーポレートガバナンス・コードへの対応状況」によると，2015年12月末時点においては，同月末までにコーポレートガバナンス報告書を提出した第一部・第二部の上場企業のうち，実効性評価について「コンプライ」としたのは，36.4％だった。これに対し，2021年12月末時点においては，同月末までにコーポレートガバナンス報告書を提出した第一部上場企業の87.99％，第二部上場企業の68.01％が，実効性評価について「コンプライ」とした。このように，適用1年目に比べて，実効性評価についての"コンプライ率"は大幅に上昇している。

　投資社会を納得させる「分析・評価」を行ったといえるためには，何らかの"材料"に基づく審議をしなければならない。その"材料"を収集する方法として挙げられるのが，アンケートである。多くの上場企業が，アンケート方式により分析・評価の調査を行っているようである。

　実効性評価を行わなければならない主体は取締役会である。だが，取締役会議長がアンケートの実施主体になるのがよいかといえば必ずしもそうではない。とくに日本企業の場合，執行側のトップである社長が同議長になるケースが多いため，経営陣に耳の痛い苦言，直言がアンケート結果に反映されないおそれがある。

⑵　外部の第三者，社外役員の関与

　そうなると，ガバナンスを効かせるために，執行からある程度独立した取締役会事務局がアンケート用紙を配り回収することを検討すべきである。独立性をより重視するために，外部の信託会社などにアンケート用紙の回収から分析，評価まで委託する例もある。

　アンケートの質問項目に答えるのは，各取締役である。監査役（会）設置会社では，監査役にもアンケートに答えてもらうことが考えられる。

　アンケートは，もともと調査を意味し，一般に調査のために一定の人に質問形式で行う問合せである。取締役会実効性評価のために行う

取締役や監査役へのアンケート調査においては，質問項目を誰がどう作成するかが問題となる。

　アンケートは，質問項目の作り方次第では，"仲間うちの"自己満足的な評価に終わってしまうおそれがある。そのため，社外役員会議でアンケートの実施方法や質問項目案を検討するようにした会社があった。また，アンケート結果の分析・評価においても同様のおそれがあるため，社外役員会議のこれを行った会社や社外役員会議と代表取締役が分析・評価や意見交換を行った会社があった。

　アンケートをするしないにかかわらず，取締役会実効性評価の実施時期は，決算期前後が一般的である。実効性評価を取締役会の審議にかける必要があり，決算期に合わせてこれを付議できるように期末前後にアンケートに着手したと開示した会社は少なくない。

　実効性評価のための取締役会審議と実効性評価結果をふまえた行動計画についての報告・審議を分けて行った会社の例も見られた。行動計画を明確に開示するのは，ガバナンス向上に向けた取締役会としてのPlan（計画）→Do（実行）→Check（是正・改善）→Action（経営者の責任でサイクルを実践）というPDCAサイクルを次年度以降回していくためにほかならない。

　PDCAサイクルを回していくための手段にアンケートがあるといってよい。この調査によって取締役会として対応すべき課題を見出し，それらにどう取り組む方針であるかについて改善策や行動計画を策定できることがのぞましい。

　取締役会のガバナンス向上のためPDCAサイクルを回すうえでの課題を見つけ出せるアンケート項目はどうあるべきか。コーポレートガバナンス報告書に開示されているアンケートの主要項目を最大公約数的にまとめると，①取締役会の構成，②取締役会の運営，③社外役員に対する支援体制，情報提供，④ステークホルダーとの関係，対話となる。

　これらの主要項目を中心に，各社ごとにより具体的な評価項目を検討するのがよい。

諸外国のコードを見ると，英国では2010年に制定のコーポレートガバナンス・コードが主要上場企業（FTSE350）に，自己評価だけでなく外部評価の実施を求めている。すなわち，同コードは「FTSE350企業は，少なくとも３年ごとに外部評価を受けなくてはならない。また，「外部評価機関が企業と評価以外の関係を有しているかについて説明しなくてはならない」とし，同コード2012年改訂版が外部評価者が誰であるか開示することなどを加えた。

　ちなみに，英国取締役協会は，外部評価のメリットとして以下を挙げている。

---

① 取締役がすすんで懸念を表明する
② 独立した外部評価者は，取締役会議長と経営陣に対する正直な報告に制約が少ない
③ 外部評価者は，取締役会実効性評価のプロセスに専門家のノウハウを持ち込む
④ 独立外部評価者を関与させることで，取締役評価が厳しく客観的に行われたとの安心感を株主や他のステークホルダーに与える

　米国では，コーポレートガバナンス・コードではなく，ニューヨーク証券取引所の上場規則が，取締役会，委員会，取締役会個人の毎年の自己評価を義務づけている。米国の企業にも，自己評価のみならず，外部評価を使うところが少なくない。

　他の諸外国の開示例を見ても，評価の客観性を担保するため，非業務執行取締役や外部評価機関が関与することがある。

　問題は，取締役会の実効性評価を行う理由と外部機関をこれに関与させる趣旨をよく理解した上で，外部機関と委託契約を適切な内容で締結することである。本書第２部には，そのための業務委託契約のサンプル書式と逐条的解説を収めてある（169頁以下参照）。

◆ ヘルプラインの通報外部窓口業務委託

(1) 消費者庁ガイドライン下での「外部窓口の活用」

　消費者庁は，2016年12月９日，「公益通報者保護法を踏まえた内部通報制度の整備・運用に関する民間事業者向けガイドライン」（以下「消費者庁ガイドライン」という。）を公表した。

　2022年６月１日の改正公益通報者保護法施行に伴い，消費者庁ガイドラインは，「公益通報者保護法第11条第１項及び第２項の規定に基づき事業者がとるべき措置に関して，その適切かつ有効な実施を図るために必要な指針」および「公益通報者保護法に基づく指針（令和３年内閣府告示第118号）の解説」に統合される（同指針の詳細については57頁以下参照）。

　消費者庁ガイドラインは，内部通報制度についてさまざまな観点から詳細な規定を置いており，実務上参考になることから，統合後も消費者庁ガイドラインの内容を理解しておくことが重要である。

　消費者庁ガイドラインは，主に，①通報者の視点，②経営者の視点，③中小事業者の視点，および④国民・消費者の視点を基に規定を置いている。そのうち，①では，従業員などがより安心して相談・通報ができる環境の整備・促進をめざしている。

　①の主要ポイントは，「通報者の匿名性の確保の徹底」，「通報者に対する不利益取扱いの禁止の徹底」，および自主的に通報を行った者に対する懲戒処分等の減免に分けられる。

　消費者庁ガイドラインは，通報者の匿名性を確保するとともに，経営上のリスクに係る情報を把握する機会を拡充するため，可能な限り事業者の外部（たとえば法律事務所や民間の専門機関等）に通報窓口を整備することが適当であるとする。

　その際には，中立性・公正性に疑義が生じるおそれまたは利益相反が生じるおそれがある法律事務所や民間の専門機関等の起用は避けることが必要であるとしている。

　消費者庁ガイドラインの構成項目は，52頁の表のとおりである。

　本書のテーマと最も関連があるのは，「Ⅲ.1.（２）」の「外部窓口

の活用」である。とくに，「外部窓口の整備」は前提として外部窓口を担当する企業や法律事務所との適切な内容の業務委託契約が欠かせない。

　そこで，消費者庁ガイドライン本文の関連部分（Ⅲ.1.）を53頁以下に引用しておく。今後，「外部窓口」と業務委託契約を取り交わす

Ⅰ．内部通報制度の意義等
　1．事業者における内部通報制度の意義
　2．経営トップの責務
　3．本ガイドラインの目的と性格

Ⅱ．内部通報制度の整備・運用
　1．内部通報制度の整備
　(1)　通報対応の仕組みの整備
　　・仕組みの整備
　　・通報窓口の整備
　　・通報窓口の拡充
　　・関係事業者全体における実効性の向上
　　・通報窓口の利用者等の範囲の拡充
　　・内部規程の整備
　(2)　経営幹部から独立性を有する通報ルート
　(3)　利益相反関係の排除
　(4)　安心して通報ができる環境の整備
　　・従業員の意見の反映等
　　・環境整備
　　・仕組みの周知等
　　・透明性の高い職場環境の形成
　2．通報の受付
　　・通報受領の通知
　　・通報内容の検討
　3．調査・是正措置
　(1)　調査・是正措置の実効性の確保
　　・調査・是正措置のための体制整備
　　・調査への協力等
　　・是正措置と報告
　　・第三者による検証・点検等
　　・担当者の配置・育成等
　(2)　調査・是正措置に係る通知
　　・調査に係る通知
　　・是正措置に係る通知
　　・通報者等に対する正当な評価

Ⅲ．通報者等の保護
　1．通報に係る秘密保持の徹底
　(1)　秘密保持の重要性
　(2)　外部窓口の活用
　　・外部窓口の整備
　　・外部窓口担当者の秘密保持
　　・外部窓口の評価・改善
　(3)　通報の受付における秘密保持
　　・個人情報の保護
　　・通報者本人による情報管理
　　・匿名通報の受付と実効性の確保
　(4)　調査実施における秘密保持
　　・調査と個人情報の保護
　2．解雇その他不利益な取扱いの禁止
　　・解雇その他不利益な取扱いの禁止
　　・違反者に対する措置
　　・予防措置
　3．自主的に通報を行った者に対する処分等の減免

Ⅳ．評価・改善等
　1．フォローアップ
　　・通報者等に係るフォローアップ
　　・是正措置に係るフォローアップ
　　・グループ企業等に係るフォローアップ
　2．内部通報制度の評価・改善
　　・評価・改善
　　・ステークホルダーへの情報提供

際には，これらの規定を意識して秘密保持条項などを入れるように心がけるべきである。

　本書第2部には，そうした契約のサンプル書式と逐条的解説を収めてある（179頁以下参照）。

Ⅲ．通報者等の保護
1．通報に係る秘密保持の徹底
（1）秘密保持の重要性
○通報者の所属・氏名等が職場内に漏れることは，それ自体が通報者に対する重大な不利益になり，ひいては通報を理由とする更なる不利益な取扱いにもつながるおそれがある。また，内部通報制度への信頼性を損ない，経営上のリスクに係る情報の把握が遅延する等の事態を招くおそれがある。
　このため，以下のような措置を講じ，通報に係る秘密保持の徹底を図ることが重要である。
　▶情報共有が許される範囲を必要最小限に限定する
　▶通報者の所属・氏名等や当該事案が通報を端緒とするものであること等，通報者の特定につながり得る情報は，通報者の書面や電子メール等による明示の同意がない限り，情報共有が許される範囲外には開示しない
　▶通報者の同意を取得する際には，開示する目的・範囲，氏名等を開示することによって生じ得る不利益について明確に説明する
　▶何人も通報者を探索してはならないことを明確にする
　▶これらのことを，経営幹部及び全ての従業員に周知徹底する
○なお，実効的な調査・是正措置を行うために，経営幹部や調査協力者等に対して通報者の特定につながり得る情報を伝達することが真に不可欠である場合には，通報者からの上記同意を取得することに加えて，
　▶伝達する範囲を必要最小限に限定する
　▶伝達する相手にはあらかじめ秘密保持を誓約させる
　▶当該情報の漏えいは懲戒処分等の対象となる旨の注意喚起をする
　等の措置を講じることが必要である。

（2）外部窓口の活用
（外部窓口の整備）
○通報者の匿名性を確保するとともに，経営上のリスクに係る情報を把握する機会を拡充するため，可能な限り事業者の外部（例えば，法律事務所や民間の専門機関等）に通報窓口を整備することが適当である。
（外部窓口担当者の秘密保持）
○通報に係る秘密の保穫を図るため，
　▶外部窓口担当者による秘密保持の徹底を明確にする
　▶通報者の特定につながり得る情報は，通報者の書面や電子メール等による明示の同意がない限り，事業者に対しても開示してはならないこととする
　等の措置を講じることが必要である。
（外部窓口の評価・改善）

○外部窓口の信頼性や質を確保するため，外部窓口の運用状況について，
  ▶中立・公正な第三者等による点検
  ▶従業員への匿名のアンケート
  等を定期的に行い，改善すべき事項の有無を把握した上で，必要な措置を講じる
  ことが望ましい。

（3）通報の受付における秘密保持
（個人情報の保護）
○通報の受付方法としては，電話，FAX，電子メール，ウェブサイト等，様々な手段
  が考えられるが，通報を受け付ける際には，専用回線を設ける，勤務時間外に個室
  や事業所外で面談する等の措置を適切に講じ，通報者の秘密を守ることが必要であ
  る。
○また，例えば，以下のような措置を講じ，個人情報保護の徹底を図ることが必要で
  ある。
  ▶通報事案に係る記録・資料を閲覧することが可能な者を必要最小限に限定する
  ▶通報事案に係る記録・資料は施錠管理する
  ▶関係者の固有名詞を仮称表記にする
○なお，通報に係る情報を電磁的に管理している場合には，さらに，以下のような情
  報セキュリティ上の対策を講じ，個人情報保護の徹底を図ることが望ましい。
  ▶当該情報を閲覧することが可能な者を必要最小限に限定する
  ▶操作・閲覧履歴を記録する
（通報者本人による情報管理）
○通報者本人からの情報流出によって通報者が特定されることを防止するため，自身
  が通報者であること等に係る情報管理の重要性を，通報者本人にも十分に理解させ
  ることが望ましい。
（匿名通報の受付と実効性の確保）
○個人情報保護の徹底を図るとともに通報対応の実効性を確保するため，匿名の通報
  も受け付けることが必要である。その際，匿名の通報であっても，通報者と通報窓
  口担当者が双方向で情報伝達を行い得る仕組みを導入することが望ましい。

（4）調査実施における秘密保持
（調査と個人情報の保護）
○通報者等の秘密を守るため，調査の実施に当たっては，通報者等の特定につながり
  得る情報（通報者の所属・氏名等，通報者しか知り得ない情報，調査が通報を端緒
  とするものであること等）については，真に必要不可欠ではない限り，調査担当者
  にも情報共有を行わないようにする等，通報者等が特定されないよう，調査の方法
  に十分に配慮することが必要である。
○通報者等が特定されることを困難にするため，調査の端緒が通報であることを関係
  者に認識させないよう，例えば，以下のような工夫を講じることが必要である。
  ▶定期監査と合わせて調査を行う
  ▶抜き打ちの監査を装う
  ▶該当部署以外の部署にもダミーの調査を行う
  ▶該心部分ではなく周辺部分から調査を開始する
  ▶組織内のコンプライアンスの状況に関する匿名のアンケートを，全ての従業員
    を対象に定期的に行う

（解雇その他不利益な取扱いの禁止）
○内部規程や公益通報者保護法の要件を満たす通報や通報を端緒とする調査に協力（以下「通報等」という。）をしたことを理由として，通報者等に対し，解雇その他不利益な取扱いをしてはならない。
○前項に規定するその他不利益な取扱いの内容としては，具体的には，以下のようなものが考えられる。
　▶従業員たる地位の得喪に関すること（退職願の提出の強要，労働契約の更新拒否，本採用・再採用の拒否，休職等）
　▶人事上の取扱いに関すること（降格，不利益な配転・出向・転籍・長期出張等の命令，昇進・昇格における不利益な取扱い，懲戒処分等）
　▶経済待遇上の取扱いに関すること（減給その他給与・一時金・退職金等における不利益な取扱い，損害賠償請求等）
　▶精神上生活上の取扱いに関すること（事実上の嫌がらせ等）
○通報等をしたことを理由として，通報者等が解雇その他不利益な取扱いを受けたことが判明した場合，適切な救済・回復の措置を講じることが必要である。

(2)　2020年公益通報者保護法改正

　「公益通報者保護法の一部を改正する法律（令和２年法律第51号）」が，2020年５月22日に衆議院において修正議決され，同年６月８日に参議院において全会一致で可決され，成立した。改正公益通報者保護法は，2022年６月１日から施行される。

　消費者庁が作成した改正公益通報者保護法の概要は以下のとおりであるが，内部通報・外部通報の実効化を図るべく，さまざまな項目が改正された。

　改正公益通報者保護法は，事業者に対し，①公益通報を受け，ならびに当該公益通報に係る通報対象事実の調査をし，およびその是正に必要な措置をとる業務（公益通報対応業務）に従事する者（公益通報対応業務従事者）を定めること（11条１項），②公益通報者の保護を図るとともに，公益通報の内容の活用により国民の生命，身体，財産その他の利益の保護に関わる法令の規定の遵守を図るため，公益通報に応じ，適切に対応するために必要な体制の整備その他の必要な措置をとること（同条２項）を義務付ける。

　常時使用する労働者の数が300人以下の事業者については，かかる義務は努力義務である（同条３項）。もっとも，近年，企業グループ

近年も社会問題化する事業者の不祥事が後を絶たず → 早期是正により被害の防止を図ることが必要

① 事業者自ら不正を是正しやすくするとともに、安心して通報を行いやすく

○ 事業者に対し、内部通報に適切に対応するために必要な体制の整備等（窓口設定、調査、是正措置等）を義務付け。**具体的内容は指針を策定**【第11条】
※中小事業者（従業員数300人以下）は努力義務

○ その実効性確保のために行政措置（助言・指導、勧告及び勧告に従わない場合の公表）を導入【第15条・第16条】

○ 内部調査等に従事する者に対し、通報者を特定させる情報の守秘を義務付け（同義務違反に対する刑事罰を導入）【第12条・第21条】

② 行政機関等への通報を行いやすく

○ 権限を有する行政機関への通報の条件【第3条第2号】

（現　行）		（改　正）
信じるに足りる相当の理由がある場合の通報	▷	氏名等を記載した書面を提出する場合の通報を追加

○ 報道機関等への通報の条件【第3条第3号】

（現　行）		（改　正）
生命・身体に対する危害	▷	財産に対する損害（回復困難又は重大なもの）を追加
（なし）	▷	通報者を特定させる情報が漏れる可能性が高い場合を追加

○ 権限を有する行政機関における公益通報に適切に対応するために必要な体制の整備等【第13条第2項】

内部通報・外部通報の実効化

③ 通報者がより保護されやすく

○ 保護される人【第2条第1項等】

（現　行）		（改　正）
労働者	▷	退職者（退職後1年以内）や、役員（原則として調査是正の取組を前置）を追加

○ 保護される通報【第2条第3項】

（現　行）		（改　正）
刑事罰の対象	▷	行政罰の対象を追加

○ 保護の内容【第7条】

（現　行）		（改　正）
（なし）	▷	通報に伴う損害賠償責任の免除を追加

※公布の日から起算して2年を超えない範囲内において政令で定める日から施行する。

出所：消費者庁ウェブサイト

やサプライチェーンを含めた"一体的な"コンプライアンスが重要視されている点に鑑みると，企業の規模を問わず，内部通報に適切に対応するために必要な体制を整備することが望ましい。その一環として，企業内部の窓口のみでは対応に限りがあるため，外部窓口も設け，これを担当する企業や法律事務所と業務委託契約を締結することが考えられる（179頁以下参照）。

　このほか，改正公益通報者保護法は，法律上保護される「公益通報者」の範囲に，「労働者であった者」（2条1項1号）および「役員」（同項4号）を追加した。なお，「労働者であった者」は，退職後1年以内の者が対象となる。業務委託契約においては，従業員のみならず，退職者および役員も通報対象者に含めておく必要がある。

　また，改正公益通報者保護法は，公益通報対応業務従事者または公

益通報対応業務従事者であった者に対し，正当な理由がなく，その公益通報対応業務に関して知り得た事項であって公益通報者を特定させるものを漏らしてはならないとする守秘義務を課す（12条）。外部窓口を務める企業の従業員や法律事務所の弁護士も「公益通報対応業務従事者」に該当し得るところ，業務委託契約においては，この点についても条項に盛り込んでおくことが望ましい。

(3)　公益通報者保護法に基づく指針の公表

　改正公益通報者保護法は，内閣総理大臣が，11条１項および２項の規定に基づき事業者がとるべき措置に関して，その適切かつ有効な実施を図るために必要な指針を定めるものとする（同条４項）。

　これを受け，消費者庁は，2021年８月20日，「公益通報者保護法第11条第１項及び第２項の規定に基づき事業者がとるべき措置に関して，その適切かつ有効な実施を図るために必要な指針」（以下「公益通報者保護法に基づく指針」という。）を公表した。

　公益通報者保護法に基づく指針において求められる事項は，内部規程において定め，また当該規程の定めに従って運用することを求めており（同指針「第４　３（４）」），これらに不備がある場合には，助言・指導，勧告（15条）や公表（16条）の対象となる。

　そこで，公益通報者保護法に基づく指針を次頁以下に引用しておく。内部規程や業務委託契約において，公益通報者保護法に基づく指針に沿った条項を盛り込んでおくことが望ましい。

　また，消費者庁は，2021年10月13日，「公益通報者保護法に基づく指針（令和３年内閣府告示第118号）の解説」を公表した。同解説は，「指針を遵守するために参考となる考え方や指針が求める措置に関する具体的な取組例」を示すとともに，「指針を遵守するための取組を超えて，事業者が自主的に取り組むことが期待される推奨事項に関する考え方や具体例」についても併せて示している（同解説「第１　Ⅰ」）。また，消費者庁ガイドラインの規定も盛り込んでいる。

○公益通報者保護法第11条第１項及び第２項の規定に基づき事業者がとるべき措置に関して，その適切かつ有効な実施を図るために必要な指針

令和３年８月20日内閣府告示第118号

第１　はじめに
　　この指針は，公益通報者保護法（平成16年法律第122号。以下「法」という。）第11条第４項の規定に基づき，同条第１項に規定する公益通報対応業務従事者の定め及び同条第２項に規定する事業者内部における公益通報に応じ，適切に対応するために必要な体制の整備その他の必要な措置に関して，その適切かつ有効な実施を図るために必要な事項を定めたものである。

第２　用語の説明
　　「公益通報」とは，法第２条第１項に定める「公益通報」をいい，処分等の権限を有する行政機関やその他外部への通報が公益通報となる場合も含む。
　　「公益通報者」とは，法第２条第２項に定める「公益通報者」をいい，公益通報をした者をいう。
　　「内部公益通報」とは，法第３条第１号及び第６条第１号に定める公益通報をいい，通報窓口への通報が公益通報となる場合だけではなく，上司等への報告が公益通報となる場合も含む。
　　「事業者」とは，法第２条第１項に定める「事業者」をいい，営利の有無を問わず，一定の目的をもってなされる同種の行為の反復継続的遂行を行う法人その他の団体及び事業を行う個人であり，法人格を有しない団体，国・地方公共団体などの公法人も含まれる。
　　「労働者等」とは，法第２条第１項に定める「労働者」及び「派遣労働者」をいい，その者の同項に定める「役務提供先等」への通報が内部公益通報となり得る者をいう。
　　「役員」とは，法第２条第１項に定める「役員」をいい，その者の同項に定める「役務提供先等」への通報が内部公益通報となり得る者をいう。
　　「退職者」とは，労働者等であった者をいい，その者の法第２条第１項に定める「役務提供先等」への通報が内部公益通報となり得る者をいう。
　　「労働者及び役員等」とは，労働者等及び役員のほか，法第２条第１項に定める「代理人その他の者」をいう。
　　「通報対象事実」とは，法第２条第３項に定める「通報対象事実」をいう。
　　「公益通報対応業務」とは，法第11条第１項に定める「公益通報対応業務」をいい，内部公益通報を受け，並びに当該内部公益通報に係る通報対象事実の調査をし，及びその是正に必要な措置をとる業務をいう。
　　「従事者」とは，法第11条第１項に定める「公益通報対応業務従事者」をいう。
　　「内部公益通報対応体制」とは，法第11条第２項に定める，事業者が内部公益通報に応じ，適切に対応するために整備する体制をいう。
　　「内部公益通報受付窓口」とは，内部公益通報を部門横断的に受け付ける窓口をいう。
　　「不利益な取扱い」とは，公益通報をしたことを理由として，当該公益通報者に対して行う解雇その他不利益な取扱いをいう。
　　「範囲外共有」とは，公益通報者を特定させる事項を必要最小限の範囲を超えて共有する行為をいう。

「通報者の探索」とは，公益通報者を特定しようとする行為をいう。

第3　従事者の定め（法第11条第1項関係）
　1　事業者は，内部公益通報受付窓口において受け付ける内部公益通報に関して公益通報対応業務を行う者であり，かつ，当該業務に関して公益通報者を特定させる事項を伝達される者を，従事者として定めなければならない。

　2　事業者は，従事者を定める際には，書面により指定をするなど，従事者の地位に就くことが従事者となる者自身に明らかとなる方法により定めなければならない。

第4　内部公益通報対応体制の整備その他の必要な措置（法第11条第2項関係）
　1　事業者は，部門横断的な公益通報対応業務を行う体制の整備として，次の措置をとらなければならない。
　⑴　内部公益通報受付窓口の設置等
　　　内部公益通報受付窓口を設置し，当該窓口に寄せられる内部公益通報を受け，調査をし，是正に必要な措置をとる部署及び責任者を明確に定める。
　⑵　組織の長その他幹部からの独立性の確保に関する措置
　　　内部公益通報受付窓口において受け付ける内部公益通報に係る公益通報対応業務に関して，組織の長その他幹部に関係する事案については，これらの者からの独立性を確保する措置をとる。
　⑶　公益通報対応業務の実施に関する措置
　　　内部公益通報受付窓口において内部公益通報を受け付け，正当な理由がある場合を除いて，必要な調査を実施する。そして，当該調査の結果，通報対象事実に係る法令違反行為が明らかになった場合には，速やかに是正に必要な措置をとる。また，是正に必要な措置をとった後，当該措置が適切に機能しているかを確認し，適切に機能していない場合には，改めて是正に必要な措置をとる。
　⑷　公益通報対応業務における利益相反の排除に関する措置
　　　内部公益通報受付窓口において受け付ける内部公益通報に関し行われる公益通報対応業務について，事案に関係する者を公益通報対応業務に関与させない措置をとる。

　2　事業者は，公益通報者を保護する体制の整備として，次の措置をとらなければならない。
　⑴　不利益な取扱いの防止に関する措置
　　イ　事業者の労働者及び役員等が不利益な取扱いを行うことを防ぐための措置をとるとともに，公益通報者が不利益な取扱いを受けていないかを把握する措置をとり，不利益な取扱いを把握した場合には，適切な救済・回復の措置をとる。
　　ロ　不利益な取扱いが行われた場合に，当該行為を行った労働者及び役員等に対して，行為態様，被害の程度，その他情状等の諸般の事情を考慮して，懲戒処分その他適切な措置をとる。
　⑵　範囲外共有等の防止に関する措置
　　イ　事業者の労働者及び役員等が範囲外共有を行うことを防ぐための措置をとり，範囲外共有が行われた場合には，適切な救済・回復の措置をとる。
　　ロ　事業者の労働者及び役員等が，公益通報者を特定した上でなければ必要性の

高い調査が実施できないなどのやむを得ない場合を除いて，通報者の探索を行うことを防ぐための措置をとる。

　　ハ　範囲外共有や通報者の探索が行われた場合に，当該行為を行った労働者及び役員等に対して，行為態様，被害の程度，その他情状等の諸般の事情を考慮して，懲戒処分その他適切な措置をとる。

3　事業者は，内部公益通報対応体制を実効的に機能させるための措置として，次の措置をとらなければならない。
　⑴　労働者等及び役員並びに退職者に対する教育・周知に関する措置
　　イ　法及び内部公益通報対応体制について，労働者等及び役員並びに退職者に対して教育・周知を行う。また，従事者に対しては，公益通報者を特定させる事項の取扱いについて，特に十分に教育を行う。
　　ロ　労働者等及び役員並びに退職者から寄せられる，内部公益通報対応体制の仕組みや不利益な取扱いに関する質問・相談に対応する。
　⑵　是正措置等の通知に関する措置
　　　書面により内部公益通報を受けた場合において，当該内部公益通報に係る通報対象事実の中止その他是正に必要な措置をとったときはその旨を，当該内部公益通報に係る通報対象事実がないときはその旨を，適正な業務の遂行及び利害関係人の秘密，信用，名誉，プライバシー等の保護に支障がない範囲において，当該内部公益通報を行った者に対し，速やかに通知する。
　⑶　記録の保管，見直し・改善，運用実績の労働者等及び役員への開示に関する措置
　　イ　内部公益通報への対応に関する記録を作成し，適切な期間保管する。
　　ロ　内部公益通報対応体制の定期的な評価・点検を実施し，必要に応じて内部公益通報対応体制の改善を行う。
　　ハ　内部公益通報受付窓口に寄せられた内部公益通報に関する運用実績の概要を，適正な業務の遂行及び利害関係人の秘密，信用，名誉，プライバシー等の保護に支障がない範囲において労働者等及び役員に開示する。
　⑷　内部規程の策定及び運用に関する措置
　　　この指針において求められる事項について，内部規程において定め，また，当該規程の定めに従って運用する。

◆　下請法と業務委託

　　下請代金支払遅延等防止法（下請法）は，わずか12条と短い法律ながら，日本で横行していた下請事業者いじめを取り締まるための重要な法律である。仕事を委託する親事業者は，下請事業者よりも優位な立場にあることから，しばしば下請代金の支払を遅らせたり，代金を不当に引き下げたりして，下請事業者に対して不利な扱いをすることがある。

下請法は，公正な取引を促進する独占禁止法を補完する法律として，下請事業者の利益を保護し下請取引の公正化を図っている。業務委託契約においては，よく下請法の適用が問題となるため，契約を締結する際には念頭に置いておかなければならない。ここでは，下請法を概説する。

　下請法は，「下請代金の支払遅延等を防止することによって，親事業者の下請事業者に対する取引を公正ならしめるとともに，下請事業者の利益を保護し，もって国民経済の健全な発達に寄与することを目的とする」（法1条）。

　下請法では「親事業者」「下請事業者」を，資本金区分と取引内容により定義している。製造委託・修理委託・情報成果物作成委託（プログラム作成に係るもの）・役務提供委託（運送，物品の倉庫保管および情報処理に係るもの）については，親事業者の資本金が3億を超える場合で下請事業者の資本金が3億円以下の委託契約と，親事業者の資本金が1千万円を超え3億円以下の場合で下請事業者の資本金が1千万円以下の委託契約が下請取引にあたる。

　それ以外の情報成果物作成委託・役務提供委託については，親事業者の資本金が5千万円を超える場合で下請事業者の資本金が5千万円以下の委託契約と，親事業者の資本金が1千万円を超え5千万円以下の場合で下請事業者の資本金が1千万円以下の委託契約が下請取引にあたる（法2条7項，8項）。

　下請法の対象となる取引は大別して，製造委託，修理委託，情報成果物作成委託，役務提供委託の4つである（2条5項）。たとえば，本書第2部②OEM取引基本契約（87頁）のように再委託を認めた場合，資本金区分条件を満たせば，適用対象となる。本書第2部①製造委託基本契約（72頁）でも，部品の製造を社外に委託しており，下請法の適用対象になる。

　下請法の適用を受けると，親事業者には，発注書面の交付義務（3条），書類の作成・保管義務（5条），下請代金の支払期日を定める義務（2条の2），遅延利息の支払義務（4条の2）の4つの義務が生じ

図表5　下請法事件処理の流れ

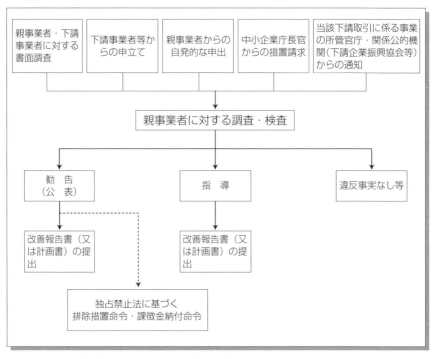

出所：公正取引委員会・中小企業庁「下請取引適正化推進講習会テキスト」

る。

　そして，下請代金の支払遅延の禁止や返品の禁止など11の行為が禁止される（4条各項参照）。義務違反は50万円以下の罰金（10条），禁止行為を行った場合は適当な措置をとるべきことを求められたり（6条），下請事業者が被った不利益の原状回復措置の勧告を受けることになる（7条）。図表5は，公正取引委員会による下請事件処理のフローチャートである。

　また，2016年12月14日に下請法の運用指針を定めた，下請代金支払遅延等防止法に関する運用基準（以下「運用基準」という。）が13年ぶりに改正され即日施行された。同改正は，運用基準に記載されている具体的な違反行為事例としてこれまでの下請法の執行を通じて蓄積

された事例等を盛り込むことにより大幅に増加させたことを中心的な内容としている。

　運用基準の「第2」において，事業者が下請法の対象となる取引ではないと誤認しやすい取引等の具体例として6つの取引例が追加され，既存の取引例の1つが修正された。たとえば，役務提供委託においては，建設工事への下請法の適用が除外されているため建設業者が同法の適用を一切受けないと誤解されるが，他社から請け負った設計図面の作成を再委託するような取引は情報成果物作成委託に該当し同法の適用を受ける場合がある。

　運用基準の「第4」において，禁止行為ごとに比較的違反がおこりやすく注意しなくてはならない違反行為類型が示されている。

　個々の業務委託契約において，下請法の適用を受けるのか，受ける場合に法の要請に従っているかをしっかり検討すべきである。

KEYWORD

パーパス経営

　パーパス経営が「目的」をもった（企業）経営を意味するだけならば，あたりまえすぎる。会社を含む法人は，定款などの目的の範囲内で権利を有し，義務を負うからである。昨今話題の「パーパス論」は，この「目的論」とは異なる。ESG（環境，社会，企業統治）を強調しつつ，多様なステークホルダーの利益と収益向上を両立しつつ見出す，企業の「存在意義」と捉えるからである。

4 個人事業主と締結する 業務委託契約

◆ 会社と個人との間で締結する業務委託契約

いわゆる「働き方改革」により，わが国においては副業・兼業の促進が図られている。厚生労働省は，2018年1月に「モデル就業規則」を改訂し，労働者の遵守事項に関する，「許可なく他の会社等の業務に従事しないこと。」との規定を削除し，副業・兼業に関する規定を新設した。また，同時に「副業・兼業の促進に関するガイドライン」を作成し，同ガイドラインは，2020年9月に副業・兼業に関する記述を改訂した。

これにより，たとえば，会社の従業員が，終業後や休日などの空き時間を利用してフリーランスとして副業を行うといった働き方も出てきた。

また，昨今の新型コロナウイルス感染症（COVID-19）下においては，「ギグワーカー」の注目が高まっている。ギグワーカーとは，デジタルプラットフォームを利用してインターネット経由で単発の仕事を引き受ける労働者をいう。COVID-19の影響により収入が減少した労働者が，求人アプリやホームページに掲載される会社の求人に応募し，単発で仕事を引き受けるケースが増えているようである。

◆ フリーランスガイドライン

2021年3月26日，内閣官房，公正取引委員会，中小企業庁，厚生労働省は連名で，「フリーランスとして安心して働ける環境を整備するためのガイドライン」（以下「フリーランスガイドライン」という。）を公表した。

省庁が作成したフリーランスガイドラインの概要は以下のとおりで
あるが，同ガイドラインは，事業者とフリーランスとの取引における

フリーランスとして安心して働ける環境を整備するためのガイドライン（概要）

○ 事業者とフリーランスとの取引について、独占禁止法、下請代金支払遅延等防止法、労働関係法令の適用関係を明らか
にするとともに、これらの法令に基づく問題行為を明確化するため、実効性があり、一覧性のあるガイドラインについて、
内閣官房、公正取引委員会、中小企業庁、厚生労働省連名で策定し、フリーランスとして安心して働ける環境を整備。

第1 フリーランスの定義	○ 本ガイドラインにおける「フリーランス」とは、実店舗がなく、雇い人もいない自営業主や一人社長で、自身の経験や知識、スキルを活用して収入を得る者。

第2 独禁法、下請法、労働関係法令との適用関係	○ 独占禁止法は、取引の発注者が事業者であれば、相手方が個人の場合でも適用されることから、事業者とフリーランス全般との取引に適用。 ○ 下請法は、取引の発注者が資本金1000万円超の法人の事業者であれば、相手方が個人の場合でも適用されることから、一定の事業者とフリーランス全般との取引に適用。 ○ これらの法律の適用に加えて、フリーランスとして業務を行っていても、実質的に発注事業者の指揮命令を受けていると判断される場合など、現行法上「雇用」に該当する場合には、労働関係法令が適用。

独禁法・下請法

第3 フリーランスと取引を行う事業者が遵守すべき事項

1 フリーランスとの取引に係る優越的地位の濫用規制についての基本的な考え方
○ 自己の取引上の地位がフリーランスに優越している発注事業者が、フリーランスに対し、その地位を利用して、正常な商慣習に照らして不当に不利益を与えることは、優越的地位の濫用として、独占禁止法により規制される。

2 発注時の取引条件を明確にする書面の交付に係る基本的な考え方
○ 優越的地位の濫用となる行為を誘発する原因とも考えられ、発注事業者が発注時の取引条件を明確にする書面をフリーランスに交付しない場合は、独占禁止法上不適切。
○ 下請法の規制の対象となる場合に、発注事業者が書面をフリーランスに交付しない場合は、下請法第3条で定める書面交付義務違反となる。

3 独占禁止法（優越的地位の濫用）・下請法上問題となる行為類型
○ 優越的地位の濫用につながり得る行為について、行為類型ごとに下請法の規制の対象となり得るものも含め、その考え方を明確化。

（1）報酬の支払遅延	（2）報酬の減額	（3）著しく低い報酬の一方的な決定
（4）やり直しの要請	（5）一方的な発注取消し	（6）役務の成果物に係る権利の一方的な取扱い
（7）役務の成果物の受領拒否	（8）役務の成果物の返品	（9）不要な商品又は役務の購入・利用強制
（10）不当な経済上の利益の提供要請	（11）合理的な範囲を超えた秘密保持義務等の一方的な設定	（12）その他取引条件の一方的な設定・変更・実施

第4 仲介事業者が遵守すべき事項

1 仲介事業者とフリーランスとの取引について
○ 仲介事業者は、フリーランスが役務等を提供する機会を獲得・拡大することや、発注事業者や消費者が、フリーランスから良質廉価な役務等を受けることに貢献。
○ 一方で、今後フリーランスと仲介事業者との取引の増加により、仲介事業者が取引上優越した地位に立ち、フリーランスに対し、その地位を利用して、正常な商慣習に照らして不当に不利益を与える場合も考えられる。

2 規約の変更による取引条件の一方的な変更
○ 規約の変更を一方的に行うことにより、自己の取引上の地位がフリーランスに優越している仲介事業者が、フリーランスに対して、正常な商慣習に照らして不当に不利益を与えることとなるときは、優越的地位の濫用として問題となる。

労働関係法

第5 現行法上「雇用」に該当する場合の判断基準

1 フリーランスに労働関係法令が適用される場合
○ フリーランスが請負契約や準委任契約などの契約で仕事をする場合であっても、労働関係法令の適用に当たっては、契約の形式や名称にかかわらず、個々の働き方の実態に基づいて、「労働者」かどうかを判断。
○ 労基法上の「労働者」と認められる場合は、労働基準法の労働時間や賃金等に関するルールが適用される。
○ 労組法上の「労働者」と認められる場合は、団体交渉を正当な理由なく拒んだりすること等が禁止される。

2・3 労働基準法における「労働者性」の判断基準とその具体的な考え方
（1）「使用従属性」に関する判断基準
①「指揮監督下の労働」であること（労働が他人の指揮監督下において行われているか）
②「報酬の労務対償性」があること（報酬が「指揮監督下における労働」の対価として支払われているか）
（2）「労働者性」の判断を補強する要素
①事業者性の有無（仕事に必要な機械等を発注者等と受注者のどちらが負担しているか等）
②専属性の程度（特定の発注者等への専属性が高いと認められるか。）

4・5 労働組合法における「労働者性」の判断要素とその具体的な考え方
（1）基本的判断要素
①事業組織への組み入れ（業務の遂行に不可欠ないし枢要な労働力として組織内に確保されているか）
②契約内容の一方的・定型的決定（労働条件や労務の内容を相手方が一方的・定型的に決定しているか）
③報酬の労務対価性（労務供給者の報酬が労務供給に対する対価などとしての性質を有するか）
（2）補充的判断要素
④業務の依頼に応ずべき関係（相手方からの個々の業務の依頼に対し、基本的に応ずべき関係にあるか）
⑤広い意味での指揮監督下の労務提供（労務供給者が、相手方の指揮監督の下に労務の提供を行っていると広い意味で解することができるか等）
（3）消極的判断要素（この要素が肯定される場合には、労働組合法上の労働者性が弱まる場合がある）
⑥顕著な事業者性（恒常的に自己の才覚で利得する機会を有し自らリスクを引き受けて事業を行う者）

私的独占の禁止及び公正取引の確保に関する法律（独占禁止法），下請代金支払遅延等防止法（下請法），労働関係法令の適用関係と，これらの法令に基づく問題行為などを明確化している。

業務委託契約との関係では，まず，優越的地位の濫用（独占禁止法2条9項5号）および不当な経済上の利益の提供要請（下請法4条2項3号）が問題となる。例えば，以下の行為が「優越的地位の濫用として問題となり得る想定例」として挙げられている。

第3　3（1）報酬の支払遅延
- 社内の支払手続の遅延，役務の成果物の設計や仕様の変更などを理由として，自己の一方的な都合により，契約で定めた支払期日に報酬を支払わないこと。
- 役務の成果物の提供が終わっているにもかかわらず，その検収を恣意的に遅らせることなどにより，契約で定めた支払期日に報酬を支払わないこと。
- 取引に係る役務の成果物を自己が実際に使用した後に報酬を支払うこととされている場合に，自己の一方的な都合によりその使用時期を当初の予定より大幅に遅らせ，これを理由として報酬の支払を遅らせること。
- 長期間の役務等の提供を受け，非常に高額な報酬を支払うことが契約で定められている場合において，当初，契約で一括払いとしたにもかかわらず，支払の段階になって自己の一方的な都合により数年にわたる分割払いとし，一括払いに応じないこと。

第3　3（2）報酬の減額
- 役務等の提供が終わっているにもかかわらず，業績悪化，予算不足，顧客からのキャンセル等自己の一方的な都合により，契約で定めた報酬の減額を行うこと。
- 自己の一方的な都合により取引の対象となる役務等の仕様等の変更，やり直し又は追加的な提供を要請した結果，フリーランスの作業量が大幅に増加することとなるため，当該作業量増加分に係る報酬の支払を約したにもかかわらず，当初の契約で定めた報酬しか支払わないこと。
- 作業量や拘束期間が確定しないため，一定の額を報酬総額として取り決めた後，実際に必要となった作業量や拘束期間が自己の当初の見込みよりも少なかったことを理由として，フリーランスと交渉することなく契約時に定めた報酬総額を減額すること。
- フリーランスは当初取り決めた範囲の役務等の提供が全て終わっているにもかかわらず，フリーランスに発注した役務等の一部について，フリーランスに事前に連絡することなく並行して自己が実施し，重複が生じたことを理由として，自己が実施した役務等に相当する額を契約時に定めた報酬から減額すること。

第3　3（5）一方的な発注の取消し
- 特定の仕様を指示した役務等の委託取引を契約し，これを受けてフリーランスが新たな機材・ソフトウェア等の調達をしているにもかかわらず，自己の一方的な都合により，当該フリーランスが当該調達に要した費用を支払うことなく，当該契約に基づく発注を取り消すこと。

- フリーランスに対し，新たな資格の取得を指示し，当該資格取得後直ちに発注することを説明して発注を確約し，当該フリーランスが当該資格を取得し取引の実現に向けた行動を採っているのを黙認していたにもかかわらず，自己の一方的な都合により，発注を取り消すこと。
- フリーランスに対し，契約時に定めていない役務等を無償で提供するよう要請し，当該要請をフリーランスが拒んだことを理由として，フリーランスが既に提供した役務等に相当する報酬を支払わないまま，一方的に発注を取り消すこと。

第3 3（10）不当な経済上の利益の提供要請
- 決算対策のための協賛金を要請し，フリーランスにこれを負担させること。
- 契約内容に情報システムの改修・保守・点検を行うことが含まれていないにもかかわらず，フリーランスに対し，情報システムの改修・保守・点検を無償で提供させること。
- 契約上，フリーランスが自己の倉庫まで運送することのみが契約内容とされている場合において，当該フリーランスに対して，あらかじめ契約で定められていない自己の倉庫内における荷役等の役務について，無償で従事させること。
- 契約で定められた役務の内容ではなく，さらに，発注内容と関連がないにもかかわらず，フリーランスに対し，自己の顧客に対する営業活動に参加するよう要請し，無償で参加させること。
- フリーランスの顧客リストについて，発注内容に含まれていないにもかかわらず，無償で提出させること。
- 役務等の提供に付随して提供された資料について，使用範囲をあらかじめフリーランスとの間で取り決めているにもかかわらず，フリーランスに追加的な対価を支払わないまま取り決めた使用範囲を超えて使用すること。

　　また，フリーランスとの間に労働基準法をはじめとする労働関係法令が適用されるかについても問題となる。

　　事業者がフリーランスとの間で「業務委託契約」という名称の契約を締結していることから直ちに労働関係法令の適用が排除されるわけではない。この点，フリーランスガイドライン「第5　1」は，フリーランスに労働関係法令が適用される場合について，以下のように記載する。

我が国の労働関係法令における「労働者」の概念は，大きく分けて2つあり，1つは，労働基準法第9条に規定する「労働者」，もう1つは労働組合法第3条に規定する「労働者」である。フリーランスなど，仕事の受注者が，請負などの契約で仕事をする場合であっても，個々の発注者や仲介事業者（以下「発注者等」という。）との関係で，判断基準に照らして労働基準法における「労働者」と認められる場合は，当該発注者等との関係では，労働基準法の労働時間や賃金などに関するルールが適用されることとなる。労働安全衛生法（昭和47年法律第57号），労働契約法（平成19年法律第128号）等の個別的労働関係法令も，基本的に労働基準法における「労働者」に該当する者に適用される。

　また，フリーランスなど，仕事の受注者が，発注者等との関係で，労働組合法における「労働者」と認められる場合は，団体交渉等について同法による保護を受けることができる。また，発注者等は，労働組合からの団体交渉を正当な理由なく拒んだり，労働組合の組合員となったこと等を理由とする契約の解約などの不利益な取扱いをすることが禁止される。

　そして，フリーランスが「労働者」（労働基準法9条）に該当するかの判断基準について，フリーランスガイドライン「第5　2」は，次のように記載する。フリーランスとの間で業務委託契約を締結する際は，これらの点に留意して条項を定める必要がある。

（1）「使用従属性」に関する判断基準
　①「指揮監督下の労働」であること
　　ａ．仕事の依頼，業務従事の指示等に対する諾否の自由の有無
　　ｂ．業務遂行上の指揮監督の有無
　　ｃ．拘束性の有無
　　ｄ．代替性の有無（指揮監督関係を補強する要素）
　②「報酬の労務対償性」があること

（2）「労働者性」の判断を補強する要素

　①事業者性の有無

　②専属性の程度

　※労働基準法研究会報告（労働基準法の「労働者」の判断基準について）（昭和60年12月19日）で示された判断基準に基づく。

ギグワーカー

　街中でよく見かけるようになった「料理宅配員」は，単独で配達業務を受託するギグワーカーである。ギグワーカーの「ギグ」のもとは，ライブハウスに居合わせたミュージシャンが演奏に加わる音楽用語の「gig（ギグ）」である。英和辞典には gig で「（ジャズやポップス）の生演奏，コメディアンのパフォーマンス」とある。

第2部

契約条項の文例と機能

1 製造委託基本契約

　本契約例は，日本の自動車メーカーが外資系日本企業に自動車部品の製造を委託する契約を想定している。

　物の製造委託において自動車部品の製造委託契約が典型であることは第1部で述べたとおりである（11頁参照）。とはいえ，もともと業務委託契約という典型契約が民法上存在するわけではないため，注意を要する。

　おおむね業務委託契約は委任型と請負型に分類することができるが，事務の処理を委託の目的とするものは委任型（準委任契約）と解される場合が多く，業務遂行の結果に対して対価を支払うものは請負型（請負契約）と解される場合が多いだろう。この点，製造委託基本契約は請負型と解される場合が多い類型である。

製造委託基本契約書

　●●●●株式会社（以下「甲」という。）と株式会社××××（以下「乙」という。）は，甲の製造する製品等（以下「本製品」という。）の製造委託に関し，以下のとおり契約（以下「本契約」という。）を締結する。

第1条（目的）
　本契約は，甲が本製品の製造業務（以下「本業務」という。）を委託し，乙がこれを受託する場合の基本事項について定める。

コメント

　本条は，契約の目的を定める規定である。

第2条（乙の業務）

乙は，個別契約に従い本製品を製造し，甲に引き渡さなければならない。

コメント

本条は，乙が受託者として製品を製造することを定める規定である。本契約例では，個々の製造物の数量等を注文書に記載し，個別契約（第4条）によることで柔軟に生産数量などに対応することを念頭に置いている。

第3条（適用範囲）

1 本契約は，本製品に関する個々の個別契約に共通する事項について定めるものとする。

2 甲及び乙は，協議のうえ，個別契約において，本契約に定める条項の一部の適用を排除し，又は本契約と異なる事項を定めることができる。

コメント

本条は，基本契約（本契約）と個別契約の優劣関係について定める規定である。第2項では個別契約が優先する場合を定める。第2項の規定がないと，基本契約と個別契約で重複する事項や矛盾する事項が定められていた場合，どちらが優先するのか解釈に争いが生じ得る。

第4条（個別契約）

個別契約は，甲が次の各号を具体的に記載した注文書を乙に交付し，乙が注文請書を甲に交付することによって成立する。

(1) 生産計画

(2) 本製品の品名，品質，規格，数量

(3) 原材料の品名（入庫ロット）数量

(4) 生産期日及び船積予定日

(5) 引渡期日

(6) 引渡場所

(7) その他必要がある場合は，その事項

　　　甲乙間で個別契約を締結し，個々の契約内容については注文書と注文請
　　書の授受により成立することとしている。

第5条（原材料の支給）

1　甲は，本業務に必要な一切の原材料，荷造材料を乙に供給する。

2　乙は，前項の原材料，荷造材料について適当でないと認められるもの
　　があるときは，甲に対してその交換を求めることができる。

3　乙は,供給を受けた原材料,荷造材料のみをもって,本業務を遂行する。

　　　本条は，製品の製造にあたる原材料等をどちらが支給するかについて定
　　める規定である。本契約例では，委託者（甲）が材料をすべて支給し受託
　　者（乙）に製造させることを想定している。

　　　乙が材料を調達する場合もある。本条第1項において，乙が調達するこ
　　とも認める場合，「ただし，乙が調達することが適当であると甲が判断し
　　た原材料について，甲はこの調達を乙に委託することができる。」などの
　　文を加えることが考えられる。

　　　この点，製造物責任法との関係に注意を要する。部品の製造委託におい
　　て，欠陥部品を組み込んだ製品を販売した委託者は，完成品メーカーとし
　　て製造物責任を負わなくてはならない（製造物責任法3条）。そのため，
　　材料の調達を受託者に委ねることはリスクがあるといえよう。

第6条（委託料）

1　甲が乙に支払う製造委託料は，甲乙別途協議のうえ決定する。

2　甲は，本契約に基づく製造委託料を本製品の日本到着後の入庫明細入
　　手後，品質が甲の指示に合致した後10日以内に乙に送金する。

　　　本条は，委託料金，支払期日および支払方法を定める規定である。この

ほか，たとえば「委託料は，製品１個当たり金○○○円とし，毎月○○日締切の乙の請求書に基づき，翌月○○日，甲は乙に対し，現金をもって支払うものとする。」と定めることもできる。もっとも，製造委託料は，受託者が製造する製品によってさまざまであることが考えられるため，本条第１項のように定め，詳細は個別契約などによるとしておく方がよいであろう。

第７条（製造等）

1　乙は，甲が別途定める製造仕様書，製品企画書及びその他の文書・口頭による甲の製造上の指示（以下「本仕様等」という。）に従って，本製品を製造する。

2　甲は，毎月○○日までに，乙に対し，第４条に定める注文書を交付する。

> **コメント**

　本条は，製品の製造について定める規定である。後述のように，委託者といえども，受託者が製造した部品を使用した製品を委託者において製造し，販売した場合には製造物責任を問われうる。

　そのため，委託者としては委託目的物である製品の規格，品質等について十分に指示，検査しておくことが望ましい。

第８条（再委託）

　乙は，本業務の全部又は一部を第三者に再委託することはできない。

> **コメント**

　本条は，再委託を禁止する規定である。通常，委託者は受託者の能力や評判を考慮し選定をしているため，受託者が第三者に再委託してしまうと，その選定の意味が失われかねない。

　なお，再委託を認める場合の規定については，②OEM取引基本契約の第15条を参照。

第９条（競業禁止）

　本契約期間中，乙は，甲の書面による事前の同意を得ない限り，自己

又は第三者のために，本製品若しくは本製品と同一の製品を製造又は販売してはならない。

コメント

　本条は，契約期間中の受託者の競業を禁止する規定である。本契約例では，委託者（甲）の技術指導の下に製品を製造しているため，同一製品を他社等に販売できるとなると，甲の技術流出を招く。

　一方，製造委託において，受託者は他の企業の類似製品を製造している場合もあり，類似製品を含め製造等できないとなると受託者には過度の負担となる。

　そのため，本条は「同一の製品」の製造等に限定している。類似の製品も含め競業を禁止する場合の規定については，②OEM取引基本契約の第16条を参照。

第10条（技術指導）

1　甲は，専門技術員を派遣し，乙に対して本製品の製造，加工，荷造，輸送等に関する技術指導を行うものとする。

2　乙は，前項の専門技術員の指導に対し，忠実に従わなければならない。

コメント

　本条は，委託者が受託者に対し専門技術員を派遣し技術指導する旨を定める条項である。製造物委託契約では，製造物責任を負う場合が生じる。そのため，技術指導を行い，製造部品の品質を管理することは一般に行われている。

第11条（品質保証）

　乙は，本製品の品質，規格，数量，表示等について，関係諸法規を遵守していること及び本仕様等に従っていることを保証する。

コメント

　本条は，個別契約に定められた製品の品質等についての品質保証を定める条項である。

本契約例においては，後述の契約不適合責任の規定があることから，これに該当するものについては，契約不適合責任を追及することができ，その意味で，本条は受託者（乙）の責任を明確化する確認の意味合いが強い。

第12条（検査）

1　甲は，納入品の受領後〇日以内に，本仕様等に基づき受入検査を行い，同検査の日より〇日以内に乙に対して合格又は不合格の通知を行わなければならない。

2　甲は，前項の検査により納入品につき不適合（本仕様等との不一致及び当然有すべき品質を欠いていることをいう。）又は数量不足等を発見したときは，直ちに理由を記載した書面をもって乙に不合格の通知をしなければならない。本通知がなされないまま前項の期間が経過したときは，当該納入品が検査に合格したものとみなす。

3　乙は，第1項の検査の結果不合格になったものについては，乙の費用負担で引き取り，甲の指示する期限までに代品納入を行わなければならない。

コメント

　本条は，供給された製品について，発注者が要求する品質・規格等が満たされているか検査することを定める規定である。部品の製造委託において，欠陥部品を組み込んだ製品を販売した委託者は完成メーカーとして製造物責任を負わなければならない（製造物責任法3条）。

　そのため，発注者は第10条の技術指導と相まって，供給された製品について十分に検査するべきである。本条第2項では検査期間を徒過した場合，第3項では不合格になった場合について定めているが，この点も忘れずに規定しておく必要がある。第3項について，受託者に有利にするためには，検査結果について異議を申し立てることができる旨を定めるとよい。

第13条（契約不適合責任）

1　甲は，前条の検査完了後，乙から受領した成果物に不適合（本仕様書等に記載した事項との不一致のほか，品質規格への不適合，表示規制違反及びその他の成果物の利用の支障となる不具合等をいう。以下本条において同じ。）を発見したときは，乙に対して成果物の修補，代替物の引渡し又は不足分の引渡しのうち甲が指示した方法による履行の追完請求又は代金減額請求をすることができる。

2　甲は，甲が不適合を知った時から１年以内に限り，前項の請求を行うものとし，それ以降に成果物の不適合を発見した場合は，対応方法及びその条件について，乙と協議の上決定する。

3　本条の規定は，甲による解除権の行使及び乙に対する損害賠償の請求を妨げない。

> **コメント**
>
> 　本条は，契約不適合責任について定める規定である。
> 　検査時において不合格品とされたものについては前条の規定によるが，検査時に発見できなかったものについては本条によることとなる（契約不適合責任の詳細については25頁参照。）。
> 　なお，2020年４月１日以前に締結された契約については「なお従前の例による」ところ（平成29年６月２日法律第44号附則34条１項），不適合の発見や権利行使が2020年４月１日以降であっても，契約が同日以前に締結されている場合は，改正前民法が適用される点に注意が必要である。

第14条（費用負担）

　乙は，第４条の個別契約において定められた引渡場所にて甲の支給原材料，荷造材料を受領した後，本製品を出荷するまでの一切の費用を負担する。

> **コメント**
>
> 　本条は，業務を履行するにあたって生じる費用について定める規定である。支給原材料等を提供するのに伴う費用以外は乙の負担としている。本

条とは反対に，甲の負担とすれば乙に有利になる。

第15条（輸送方法）

　乙は，本製品の運送業務を履行するに当たり，第三者と輸送請負契約を締結することができる。ただし，当該第三者の故意又は過失により債務不履行が生じた場合，乙がその責任を負う。

コメント

　本条は，受託者が製品を郵送する場合についての方法を定める規定である。運送業者の故意または過失により製品が滅失等した場合に，その責任の所在が問題となり得る。民法上の解釈問題となるが（履行補助者の故意過失の議論など），予防法務の観点からは，本条のように事前に責任の所在を明確にしておくことが有益である。

第16条（製造物責任）

1　乙は，第三者から，乙の納入した製品の欠陥に起因して，その身体，生命及び財産に損害を被ったとの理由で損害賠償を請求された場合，甲に対し，甲が負担した損害賠償及びこれに関する一切の費用を補償する。ただし，次の各号のいずれか一つに該当する場合，乙はその責任を負わないものとする。

　(1)　その欠陥が，引渡し後，甲の故意又は過失により生じた場合

　(2)　その欠陥が，甲の定めた本仕様等に乙が従ったことにより生じ，かつ，その欠陥が生じたことについて乙に過失がない場合

2　乙は，前項の理由で，第三者から乙が直接損害賠償を請求され，これを支払う場合，甲の事前の書面による同意を得るものとする。

3　乙は，第1項の責任を担保するため，生産物賠償責任保険へ加入しなければならない。

コメント

　本条は，製造物責任を問われた場合に，委託者と受託者のどちらがその費用を負担するか等について定める規定である。部品の製造委託において，

欠陥部品を組み込んだ製品を販売した委託者が完成品メーカーとして製造物責任を負わなければならない（製造物責任法3条）のは第12条のコメントで述べたとおりであるが，本条のように乙の負担とする旨を定めておくことで，甲は乙に賠償額分等の支払を求めることができる。

また，本条第3項では，乙の生産物賠償責任保険（PL保険）への加入を義務付ける条項を設けている。本条を設けることで，受託者が賠償額分を支払えないとしても，委託者は一定のリスクを担保することができる。

2017年に民事再生法の申立てをしたタカタのエアバッグ問題でトヨタ自動車が米国で集団訴訟を起こされた。完成品メーカーの負う賠償額は高額になり得る。

第17条（付保）

乙は，甲より受領し現に保管中の原材料，荷造材料及び乙から甲への引渡し前の本製品について，自己の費用をもって，甲の指示する保険会社に一括付保する。

コメント

本条は，原材料等の滅失等について委託者の指定する保険に受託者が入ることを定める規定である。本条を設けることで，不慮の事故等で原材料等が滅失等した場合でも，保険会社から一定の場合損失を填補してもらうことが可能になる。受託者に有利にするためには，保険料は委託者の負担と定めることになる。

第18条（有効期間）

本契約の有効期間は，20○○年○○月○○日から20○○年○○月○○日までとする。ただし，期間満了の1ヶ月前までに双方から書面による変更等の申出がないときは，本契約は同一条件で更に1年間継続するものとし，以後もこの例によるものとする。

コメント

本条は，契約期間に関し自動更新について定める規定である。本契約例は継続的な製造委託契約を想定しているため，本条を置いている。

なお，契約書式に用いる暦について，本条のように西暦を用いるほか，和暦を用いることも考えられる。和暦を用いる場合，「令和○年○○月○○日から令和○年○○月○○日までとする。」と記載することとなる。

第19条（解除）

1　甲は，乙が次の各号のいずれか一つに該当したときは，何らの通知，催告を要することなく，直ちに本契約又は個別契約の全部又は一部を解除することができる。

　⑴　本契約又は個別契約に定める条項に違反し，乙に対し催告したにもかかわらず14日以内に当該違反が是正されないとき

　⑵　監督官庁により営業の許可取消し，停止等の処分を受けたとき

　⑶　支払停止若しくは支払不能の状態に陥ったとき，又は手形若しくは小切手が不渡となったとき

　⑷　第三者により差押え，仮差押え，仮処分若しくは競売の申立て，又は公租公課の滞納処分を受けたとき

　⑸　破産手続開始，民事再生手続開始，会社更生手続開始，特別清算手続開始の申立てを受け，又は自ら申立てを行ったとき

　⑹　解散，会社分割，事業譲渡又は合併の決議をしたとき

　⑺　資産又は信用状態に重大な変化が生じ，本契約又は個別契約に基づく債務の履行が困難になるおそれがあると認められるとき

　⑻　その他，前各号に準じる事由が生じたとき

2　前項の規定により本契約又は個別契約が解除された場合，乙は，期限の利益を喪失する。

3　第1項により本契約又は個別契約が解除された場合，乙は，解除により甲が被った損害の一切を賠償する。

4　第1項により本契約又は個別契約が解除された場合であっても，甲は，解除により乙が被った損害を賠償する責任を負わない。

コメント

　本条は，本契約例の解除について定める規定であり，委託者の無催告解

除が可能となっている。内容は一般的なものであるが，第1号の契約違反については，催告の上相当期間内に是正がなされなかった場合に解除可能とすることも多い。

　なお，2017年の民法改正によって，債務者の帰責事由は解除の要件ではなくなる一方（541条等参照），債務不履行が債権者の帰責事由による場合には，債権者の解除が認められないこととなった（543条）。

　債務者側としては，契約の拘束力を強くしたい場合は債務者の帰責事由を解除要件に組み込む対応が考えられる一方，債権者側としては双方に帰責事由がある場合も契約の拘束力から解放されるように契約条項に組み込むなどの対応が考えられる。

第20条（秘密保持義務）

1　甲及び乙は，本契約又は個別契約を通じて知り得た，相手方が開示に当たり，書面，口頭，その他方法を問わず，秘密情報であることを表明したうえで開示した情報（以下「秘密情報」という。）を，厳に秘密として保持し，相手方の書面による事前の承諾なしに第三者に開示，提供，漏えいし，また本契約の履行以外の目的に使用してはならない。ただし，法令上の強制力を伴う開示請求が公的機関よりなされた場合は，その請求に応じる限りにおいて，開示者への速やかな通知を行うことを条件として開示することができる。

2　前項の規定にかかわらず，次の各号のいずれか一つに該当する情報は，秘密情報に当たらないものとする。

(1)　開示の時点で既に被開示者が保有していた情報

(2)　秘密情報によらず被開示者が独自に生成した情報

(3)　開示の時点で公知の秘密

(4)　開示後に被開示者の責めに帰すべき事由によらずに公知となった情報

(5)　正当な権利を有する第三者から秘密保持義務を負うことなく開示された情報

3　本条の規定は，本契約の終了後も有効に存続するものとする。

　本条は，秘密保持義務について定める規定である。

　予防法務の観点からは，秘密保持義務の対象を明確に確定し，どのような場合が除外されるのかを契約書に明記しておくべきである。しかし，当事者間の力関係等から明記することが困難な場合がある。

　契約上明記されていない場合でも，裁判において秘密保持義務の例外とされる場合がある。まず，文言上または当事者の合理的意思解釈上秘密保持義務を負わない場合（東京高判平成11年12月８日LLI/DB判例秘書登載，大阪地判平成24年12月６日LLI/DB判例秘書登載など）がある。公知の情報（公知でなくとも調査すれば容易に判明する情報および公知の情報を組み合わせることで容易に到達しうる情報も含む。）は，秘密保持の対象とする実益がないため，秘密保持の対象外と解釈できる。

　次に，秘密保持条項が公序良俗違反とされるため，秘密保持義務を負わない場合がある（東京地判平成14年２月14日LLI/DB判例秘書登載など）。独占禁止法に違反する契約等，契約内容が違法である場合，その内容について秘密保持の対象とされていても，公正取引委員会等に開示する際，秘密保持条項が無効になり秘密保持義務違反にならないことが考えられる。

　このほかにも，弁護士への開示など「目的，手段に鑑みて違法性を帯びるものではない」として秘密保持義務に違反しないとされる場合がある（東京地判平成15年９月17日LLI/DB判例秘書登載など）。

第21条（外国語訳の取扱い）

　本契約及び個別契約は，日本語を正本として締結され，他の言語へのいかなる翻訳にもかかわらず，日本語の正本が優先するものとする。

コメント

　本契約例は外国企業との取引も想定しているため，外国企業向けの翻訳版を作成することが考えられる。

　その場合，契約書の文言解釈をめぐって紛争が生じた場合に備え，日本語で規定されているものを正本とするのか，外国語で規定されているものを正本とするのかについて定めを置いておく必要がある。

第○条 （任意処分）〔参考規定〕

　乙は，甲が引渡期日に個別契約に記載された物品を引き取らないなど本契約の不履行が生じたときは，甲に対し通知を行うことにより，本製品を任意に処分し，その売得金をもって甲に対する損害賠償債権を含む一切の債権の弁済に充当することができ，不足額があるときは，更に甲に請求することができる。

コメント

　本条は，委託者が製品を受け取らない事態に備える規定である。受託者にとっては，引渡期日に委託者が完成した製品を受け取らない場合，製品の保管費用等の費用が発生することになる。

　受託者は，製造に要した費用分を回収するためにも第三者に転売することで，投下資本分を回収することができる。もっとも，本契約例では，乙は甲の本仕様等に従って本製品を製造しているため，完成した本製品には他の自動車に用いることができる汎用性はないと考えられる。完成品に汎用性がある場合であれば本条を規定することが考えられる（なお，OEM供給の場合，汎用性が認められたとしても，委託者のブランドが付されていることから，本条のような任意処分は禁止されていることが多い。）。

第22条 （準拠法）

　本契約及び個別契約は，日本法に準拠し，同法によって解釈されるものとする。

コメント

　本契約例は外国企業との取引も想定しているため，準拠法についての定めを置いておくとよい。なお，管轄裁判所については第25条で定めているが，準拠法については，法の適用に関する通則法が適用される。本条の定めがある場合，同法7条により，契約の成立や債務不履行責任等の解釈について日本法が適用される。

　一方で，本条の定めがない場合（黙示の合意がある場合は含まない。），同法8条により判断されることになり，準拠法が裁判に至るまで判然としないリスクが生じることになるため注意が必要である。

第23条（CISGの適用排除）

　国際物品売買契約に関する国際連合条約（CISG）のすべての条項は，本契約及び個別契約に適用されないものとする。

コメント

　国際物品売買取引に関して，2009年8月1日から国際物品売買契約に関する国際連合条約（United Nations Convention on Contracts for the International Sale of Goods：通称CISG）が日本においても効力を生じるようになった。

　同条約は売買の中に「物品を製造し，又は生産して供給する契約」を含むとしており（3条1項本文），「買主が製造又は生産に必要な材料の実質的な部分の供給を行う場合には，適用されない」こととしている（同条1項本文）。

　CISGの規定は任意規定（6条）と解されているため，あらかじめ合意することにより排除しておくことで予測可能性を担保できる。

第24条（協議）

　本契約及び個別契約に定めのない事項又は本契約及び個別契約に生じた疑義について，甲及び乙は，誠実に協議して解決を図る。

コメント

　本条は，いわゆる協議条項で，一般に特別の法的効果はないと考えられているが，実務上は規定されることが少なくない。

第25条（合意管轄）

　本契約及び個別契約に関して甲乙間に生じる一切の紛争については，○○地方裁判所を第一審の専属的合意管轄裁判所とする。

コメント

　本条は，管轄裁判所を定める規定である。外国企業との取引においては，国際裁判管轄（民事訴訟法3条の2以下）が問題となる。専属的管轄合意の定めを置くことで（同法3条の7），どこの国で訴訟を行うかの予測が

立つ。とくに外国で訴訟をすることは司法制度の違い，言語，出廷の費用など日本企業には負担が多い。

　本契約例は外国企業との契約も想定しており，訴訟になったときのリスク管理の観点から専属的合意管轄裁判所を定めておく必要がある。

⬚K⬚E⬚Y⬚W⬚O⬚R⬚D⬚

Society 5.0

　そしていま，「Society 5.0」の時代に突入した。日本では，これを，サイバー空間と現実空間を高度に融合させたシステムによって，経営発展と社会的課題の解決を両立する人間中心の社会と定義している。

インダストリー4.0

　ドイツ政府が推進する「考える工場」を核とする第4次産業革命。AIやIoTを駆使し，製造コストを大幅に削減する。製造業は産業革命により発展し仕事を生んだが，インダストリー4.0が進めば人の手は不要になり工場で働く人々の仕事が奪われていくかもしれない。

2 OEM取引基本契約

　本契約例は，東南アジアに販路を有しているIT機器メーカーと，IT機器の製造設備を有している製造メーカーとのOEM契約を想定している。

　OEMとは，Original Equipment Manufactureの略である。OEM契約は一般に，ある製品を自社ブランドの名で販売したい業者が，製品を製造する工場等を有しないことなどから，一定の技術水準を有する製造業者にその製品の製造と供給を依頼する場合に用いられる。これにより委託者は工場等への設備投資など製品製造の費用を節約することができる。

　一方で，OEM供給者（受託者）は，単独では商品を売ることが難しい場合，または，コストがかかっていた場合に，発注者（委託者）にまとまった単位で商品を購入してもらうことができ，販売コストも削減することができる。さらに，OEM供給者は，発注者から製品製造に関する情報や技術を入手することができるというメリットもある。

OEM取引基本契約書

　●●●●株式会社（以下「甲」という。）と株式会社××××（以下「乙」という。）は，以下のとおり契約（以下「本契約」という。）を締結する。

第1条（目的）

　本契約は，甲の委託により，乙がOEM製品（以下「本製品」という。）の製造を受託する場合の基本事項について定める。

本条は，契約の目的を定める規定である。

第2条（適用範囲）

1　本契約は，個々の製品の個別契約に共通する事項について定めるものとする。

2　甲及び乙は，協議のうえ，個別契約において，本契約に定める条項の一部の適用を排除し，又は本契約と異なる事項を定めることができる。

　　本条は，基本契約（本契約）と個別契約の優劣関係について定める規定である。第2項は，個別契約が優先する場合を定める。第2項のような規定がないと，基本契約と個別契約で重複する事項や矛盾する事項が定められていた場合，どちらが優先するのか解釈に争いが生じ得る。

第3条（個別契約）

1　個別契約は，甲が注文書を乙に交付し，乙が注文請書を甲に交付することによって成立する。

2　個別契約は，原則として甲の指定する注文書によるものとし，注文年月日，注文番号，納期，納入場所，品名，数量，単価，金額，支払方法等を，また甲が材料等を支給する場合に，品名，引渡日，数量，単価，金額，支払方法等を定めるものとする。

3　前項の規定にかかわらず，甲及び乙は，協議のうえ個別契約の内容の一部を予め別途定めることができるものとする。

　　本条は，個別契約については注文書と注文請書の授受により成立することを定める規定である。本契約例では，個々の製造物の数量等を，注文書に記載し，個別契約によることで柔軟に生産数等を対応することを念頭に置いている。

　　なお，生産数量については，受託者に有利にするために，「甲は，乙に対し，製品につき，毎月最低○○単位の注文をすることを保証する。」など，

委託者が最低限買い取るべき数量を記載した条項を設ける場合がある。

実務では，委託者に有利にするために，注文書が受託者に到達することをもって個別契約が成立すると規定している契約書もあるが，注文書に規定された内容について受託者の意思にかかわらず成立してしまうことになりかねず，本条のように規定することが穏当である。

第4条（乙の業務）

乙は，本製品の設計及び製造に関する仕様並びにこれらに関する規格等を含む甲から乙への書面による一切の指示（以下「本検定規定類」という。）に従い本製品を製造し，甲に引き渡さなければならない。

コメント

本条は，製品の製造について定める規定である。委託者といえども，受託者が製造した部品を使用した製品を委託者において製造し，販売した場合には製造物責任を問われうる（第13条のコメント参照）。そのため，委託者としては委託目的物である製品の規格，品質等について十分に指示，検査しておくことが望ましい。

第5条（材料支給）

乙は，原則として本製品の製造に必要な材料，部品等（以下「材料等」という。）を自主調達するものとする。ただし，甲は，甲乙協議のうえ材料等を乙に支給できるものとする。

コメント

本契約例では，受託者が材料を供給する場合を想定している。製品の製造にあたりコストをかけたくないということであれば，このように規定することが多いだろう。

もっとも，委託者は製造物責任を負うリスクが高い（第13条のコメント参照）。製品に用いられる材料の欠陥等のリスクを管理するため，委託者が受託者に材料を供給して製造させることも考えられる。

第6条（商標等）

1　乙は，本契約のもとに製造・供給するすべての本製品及びその梱包材料等に，甲の指定する対応及び方法等に従って商標等（以下「本商標等」という。）を付するものとする。

2　乙は，本契約に基づいて製造され，かつ，甲に供給される本製品を除き，本商標等に基づくいかなる製品も，自己又は第三者のために，製造，販売又は譲渡等その他一切の処分をしてはならない。

3　乙は，本契約の定め又は甲の事前の書面による同意なしに，本商標等を使用してはならず，かつ，本商標等に類似する商標を使用してはならない。

4　乙は，甲の事前の書面による同意なしに，本商標等に関するいかなる国の商標権，意匠権，著作権等の登録のためにいかなる出願もしてはならない。

コメント

　　本条は，OEM製品に付するブランドの表示，商標の使用について定める規定である。第1項は製品のどの個所に商標を付するかという規格に関する内容，第2項は商標の付された製品の他社への販売等を制限する内容，第3項および第4項はライセンスされた商標の仕様範囲，登録に関する内容である。

　　委託者は，OEM契約のために商標の使用を受託者に許諾しているのが通常であるから，このような規定を定めることが一般的である。

第7条（納入等）

1　乙は，納入品の品質，数量等を確認し，個別契約で定められた納期を厳守のうえ甲の指定場所に納入するものとする。

2　乙は，個別契約に従い，輸送及び保管に適した梱包及び荷姿（甲が梱包仕様を指定した場合はその指定による。）により，次の各号の証票を添付のうえ乙の負担と責任において納入するものとする。

⑴　納品書又はこれに類する証票

⑵　甲の注文書又は本検定規定類に基づく試験成績票，取扱説明書，分析書及び証明書等

3　甲は，原則として納入品の受領を証する書面を乙に交付することとする。

コメント

本条は，製品の納入について定める規定である。

第8条（検査）

1　甲は，納入品の受領後○日以内に，甲所定の本検定規定類に基づき受入検査を行い，同検査の日より○日以内に乙に対して合格又は不合格の通知を行わなければならない。

2　甲は，前項の検査により納入品につき不適合（本検定規定類との不一致のほか，品質規格への不適合，表示規制違反及びその他の納入品の利用の支障となる不具合等をいう。以下本契約において同じ。）等を発見したときは，直ちに理由を記載した書面をもって乙に不合格の通知をしなければならない。本通知がなされないまま前項の期間が経過したときは，当該納入品が検査に合格したものとみなす。

3　乙は，第1項の検査の結果不合格になったものについては，乙の費用負担で引き取り，甲の指示する期限までに代品納入を行わなければならない。

コメント

本条は，供給された製品について，委託者が要求する品質・規格等が満たされているか検査することを定める規定である。OEM製品について欠陥があった場合，エンドユーザーからは，ブランドの表示されている委託者に対して一次的に責任追及がなされることが想定される。

そのため，委託者は供給された製品について十分に検査するべきである。検査の期日を長くすれば委託者に有利になる。第2項では検査期間を徒過した場合，第3項では不合格になった場合について定めているが，この点も忘れずに規定しておく必要がある。

なお，第3項について，受託者に有利にするためには，検査結果について異議を申し立てることができる旨を定めるとよい。

第9条（危険負担）

1　本製品の所有権は，前条の検査の合格をもって，乙から甲に移転する。

2　本製品の全部又はその一部が，前条の検査の合格のときまでに，甲の責めに帰さない事由によって滅失，毀損又は変質した場合には，乙がかかる損害を負担する。

コメント

　　本条は，危険負担について定める規定である。2017年の民法改正により，旧534条，535条は削除され，債務者主義が適用されるが，危険負担について定めを置いておくことで，かかる影響を避けることができる。

　　一般に，物の製造委託に関する契約においては，リスクを明確化しておくため，危険負担についての定めを置くことが多い。本条では，危険負担と同時に所有権の移転時期についても定めているが，通常は，所有権の移転時期と危険負担の移転時期はパラレルに考えられていることからこのように規定してある。

第10条（契約不適合責任）

1　甲は，第8条の検査完了後，乙から受領した納入品に不適合を発見した場合，検査時から1年以内に限り，乙に対して，当該不適合の修補又は代品の納入を求めることができる。代品の納入について生じた費用は乙の負担とする。

2　乙の責めに帰すべき事由により合理的な期間内で不適合が修補又は代品の納入ができない場合，乙は，当該不適合に関して甲が被った損害について，賠償の責めを負う。

コメント

　　本条は，契約不適合責任について定める規定である。

　　検査時において不合格品とされたものについては第8条の規定によるが，検査時に発見できなかったものについては本条によることとなる。契

約不適合責任の詳細については，25頁を参照。

　権利行使の起算点については，本契約例では受入検査が行われることから（第8条），受入検査時に修正している。

　なお，2020年4月1日以前に締結された契約については「なお従前の例による」ところ（平成29年6月2日法律第44号附則34条1項），不適合の発見や権利行使が2020年4月1日以降であっても，契約が同日以前に締結されている場合は，改正前の民法が適用される点に注意が必要である。

第11条（改良技術）

　本契約の履行に際し，本製品に関する改良技術を開発した場合には，かかる改良技術は，乙に帰属するものとする。

コメント

　本条は，製品の製造の際に生じた知的財産等に関する権利の帰属を定める規定である。受託者（乙）がOEM契約を結ぶことにより技術を取得することを念頭に置き，改良技術につき乙に帰属すると定めている。

第12条（第三者にかかる産業財産権等）

1　乙は，甲に対する納入品及びその製造方法につき，甲より指定された場合を除き，第三者の産業財産権等に抵触することのないよう留意し，万一抵触の問題が発生した場合，速やかに甲に通知する。

2　前項の場合，乙の責任の下，乙の費用負担において解決する。

コメント

　本条は，製造過程において第三者の知的財産侵害が生じた場合を想定した規定である。第2項は，問題が生じた場合には受託者（乙）の費用負担で解決することとしている。

第13条（製造物責任）

1　乙は，第三者から乙の納入した製品の欠陥に起因して，その身体，生命及び財産に損害を被ったとの理由で損害賠償が請求された場合，甲に対し，甲が負担した損害賠償及びこれに関わる一切の費用を補償する。

ただし，次の各号のいずれか一つに該当する場合，乙はその責任を負わないものとする。

(1)　その欠陥が，納品後，甲の故意又は過失により生じた場合

(2)　その欠陥が，甲の定めた検定規定類及びその他の甲の製造上の指示に乙が従ったことにより生じ，かつ，その欠陥が生じたことについて乙に過失がない場合

2　前項の理由で，第三者から乙が直接損害賠償を請求され，これを支払う場合，乙は，甲の事前の書面による同意を得るものとする。

3　乙は，第1項の責任を担保するため，生産物賠償責任保険へ加入しなければならない。

コメント

　　本条は，製造物責任を問われた場合に，委託者と受託者のどちらがその費用を負担するか等について定める規定である。自社のブランドを製品に付している委託者は，製品に不具合が生じた場合に，エンドユーザーから製造物責任を問われることになる（製造物責任法3条，2条3項2号）。OEM発注者が強力なブランドを有していればいるほど，エンドユーザーが広がる場合が多い。

　　製品に欠陥が発見された場合，リコールの問題が広がることが多い（トヨタ車に搭載されていたタカタのエアバッグ問題，日産自動車にOEM供給されていたスズキの製品など）。大規模なリコール問題が発生した際，その費用は多大なものとなる。本条のように供給者の負担とする旨を定めておくことで，委託者は受託者に賠償額分等の支払を求めることができる。

　　また，第3項では，乙の生産物賠償責任保険（PL保険）への加入を義務付ける条項を設けている。これにより，受託者が賠償額分を支払えないとしても，委託者は一定のリスクを担保することができる。

第14条（報告義務）

1　乙は，甲との取引開始に際し，甲が別途定める事項を甲所定の様式により報告するものとする。

2　乙は，前項に基づき報告した事項に変更が生じた場合，速やかにその旨を通知するものとする。

3　甲及び乙は，本店の所在地，氏名，名称，若しくは商号，代表者又は
　代表者名の届出印の変更がなされた場合，速やかにその旨を相手方に通
　知しなければならないものとする。
4　乙は，第1項及び前項に定める事項のほか，本契約及び個別契約の履
　行に必要な範囲で甲が要求した事項につき報告するものとする。

コメント

　本条は，契約に関する事項の報告を定める規定である。継続的契約にお
いては，本条のように各種事項の変更が生じた場合に，事実の報告がなさ
れるように定めておくことが望ましい。
　業務委託契約が委任の性格を有している場合，報告条項がなくても受託
者には報告義務が課される（民法645条）が，報告の方法等についてはとく
に定められてないので，本条のように定めておく必要がある。第4項で
は，報告事務の範囲が不用意に広がると受託者の事務処理の負担が増える
ため，限定を付している。

第15条（再委託）

1　乙は，乙自らが果たすべき措置と同等の措置が講じられる再委託先に
　限定して，本製品の製造の全部又は一部を，乙の責任において第三者に
　再委託することができる。その際，乙は，再委託先に関する次の各号の
　の情報を書面により甲に報告し，甲の事前の書面による同意を得るもの
　とする。
(1)　住所及び名称又は商号
(2)　乙と再委託先との間の取引関係及び取引実績
(3)　再委託先の設備及び技術水準
(4)　従業員に対する監督・教育の状況
(5)　その他再委託先の経営環境
(6)　暴力団等の反社会的勢力との関わり
2　乙は，再委託先との間で，本契約と同等の内容の再委託契約を締結し
　なければならない。再委託契約の中には，再委託先が委託業務の全部又

は一部を再々委託する場合には，甲及び乙の事前の書面による同意を得るものとする旨の規定を置く。

3　再委託先は，第4条に定める乙の業務の全部又は一部の委託を受けた者とみなす。

コメント

　　再委託については，発注者が製造物責任を負うなどのリスク管理の観点から認めない場合もあるが，受託者の都合から，再委託は認めざるを得ない場合もある。本条では，再委託を認める場合を想定して規定しているが，本条のように再委託先の選定につき委託先の事前の書面による同意を要求する規定を置きリスクを管理すべきである。

　　本契約例と同じではあるが，再委託契約の内容につき，商標や知的財産の帰属等の規定の定め方について，委託者は注意して検討する必要がある。

　　第2項は再委託先からの再々委託を認めることとしているが，リスク管理の観点から再々委託を禁じる場合も多い。

第16条（競業禁止）

1　本契約期間中，乙は，甲の事前の書面による同意を得ない限り，甲以外のもの又は企業のために，本商標等を付した，本製品若しくは本製品と同一ないし類似の製品を製造又は販売してはならない。

2　前項の定めにかかわらず，乙は，自己の商標に基づき，本製品若しくは本製品と同一ないし類似の製品を製造又は販売することができる。

コメント

　　本条は，OEM契約期間中に類似製品等をOEM供給者が自社ブランドで製造販売することを禁止する規定である。本契約例では，OEM供給者に有利に，自社ブランドでの類似製品等の販売を可能とすることを想定している。

第17条 （有効期間）

　本契約の有効期間は，本契約を締結した日から起算し満1年とする。ただし，期間満了の1ヶ月前までに双方から書面による変更等の申出がないときは，本契約は同一条件で更に1年間継続するものとし，以後もこの例によるものとする。

コメント

　　本条は，契約期間に関して自動更新を定める規定である。本契約例は継続的なOEM契約を想定しているため，この規定を置いている。

　　契約の有効期間の記載について，本条のように契約締結日を起算点とするほか，「令和○年○○月○○日から同年○○月○○日まで」や「20○○年○○月○○日から20○○年○○月○○日まで」などとする方法もある。

第18条 （解除）

1　甲は，乙が次の各号のいずれか一つに該当したときは，何らの通知，催告を要することなく，直ちに本契約又は個別契約の全部又は一部を解除することができる。

　⑴　本契約又は個別契約に定める条項に違反し，乙に対し催告したにもかかわらず14日以内に当該違反が是正されないとき

　⑵　監督官庁により営業の許可取消し，停止等の処分を受けたとき

　⑶　支払停止若しくは支払不能の状態に陥ったとき，又は手形若しくは小切手が不渡となったとき

　⑷　第三者により差押え，仮差押え，仮処分若しくは競売の申立て，又は公租公課の滞納処分を受けたとき

　⑸　破産手続開始，民事再生手続開始，会社更生手続開始，特別清算手続開始の申立てを受け，又は自ら申立てを行ったとき

　⑹　解散，会社分割，事業譲渡又は合併の決議をしたとき

　⑺　資産又は信用状態に重大な変化が生じ，本契約又は個別契約に基づく債務の履行が困難になるおそれがあると認められるとき

　⑻　その他，前各号に準じる事由が生じたとき

2　前項の規定により本契約又は個別契約が解除された場合，乙は，期限の利益を喪失する。

3　第1項により本契約又は個別契約が解除された場合，乙は，解除により甲が被った損害の一切を賠償する。

4　第1項により本契約又は個別契約が解除された場合であっても，甲は，解除により乙が被った損害を賠償する責任を負わない。

コメント

　　本条は，契約の解除について定める規定であり，委託者（甲）による無催告解除が可能となっている。本条と異なり，受託者（乙）にも無催告解除を認め，双方対等の条項にすることも考えられる。

　　本条については，①製造委託基本契約の第19条のコメントを参照。

第19条（秘密保持義務）

1　甲及び乙は，本契約又は個別契約を通じて知り得た，相手方が開示に当たり，書面，口頭，その他方法を問わず，秘密情報であることを表明したうえで開示した情報（以下「秘密情報」という。）を，厳に秘密として保持し，相手方の書面による事前の承諾なしに第三者に開示，提供，漏えいし，また本契約の履行以外の目的に使用してはならない。ただし，法令上の強制力を伴う開示請求が公的機関よりなされた場合は，その請求に応じる限りにおいて，開示者への速やかな通知を行うことを条件として開示することができる。

2　前項の規定にかかわらず，次の各号のいずれか一つに該当する情報は，秘密情報に当たらないものとする。

(1)　開示の時点で既に被開示者が保有していた情報

(2)　秘密情報によらず被開示者が独自に生成した情報

(3)　開示の時点で公知の秘密

(4)　開示後に被開示者の責めに帰すべき事由によらずに公知となった情報

(5)　正当な権利を有する第三者から秘密保持義務を負うことなく開示された情報

3 本条の規定は，本契約の終了後も有効に存続するものとする。

コメント

本条は，秘密保持義務についてを定める規定である。

本条については，①製造委託基本契約の第20条のコメントを参照。

第20条（外国語訳の取扱い）

本契約及び個別契約は，日本語を正本として締結され，他の言語への
いかなる翻訳にもかかわらず，日本語の正本が優先するものとする。

コメント

本条については，①製造委託基本契約の第21条のコメントを参照。

第21条（準拠法）

本契約及び個別契約は，日本法に準拠し，同法によって解釈されるも
のとする。

コメント

本条については，①製造委託基本契約の第22条のコメントを参照。

第22条（CISGの適用排除）

国際物品売買契約に関する国際連合条約（CISG）のすべての条項は，
本契約及び個別契約に適用されないものとする。

コメント

本条については，①製造委託基本契約の第23条のコメントを参照。

第23条（協議）

本契約及び個別契約に定めのない事項又は本契約及び個別契約に生じ
た疑義について，甲及び乙は，誠実に協議して解決を図る。

　本条は，いわゆる協議条項で，一般に特別の法的効果はないと考えられ
ているが，実務上は規定されることが少なくない。

第24条（合意管轄）

　本契約及び個別契約に関して甲乙間に生じる一切の紛争については，
○○地方裁判所を第一審の専属的合意管轄裁判所とする。

　本条は，管轄裁判所を定める規定である。本条については，①製造委託
基本契約の第25条のコメントを参照。

KEYWORD

IoTとセキュリティー

　世界のIoT機器は2020年には300億個にもなる見通しである。しかし，小
型のIoT機器は処理能力の低いCPUが用いられていることが多く，セキュ
リティーが弱い。

　ハッキング技術も高度化する中，業者が製造したIoT機器からハッキング
により情報が漏えいする場合のリスクをどのように管理し，誰がコストを
負うのかの検討が必要である。

3 システム開発委託契約

　本契約例は，会社がコンピュータシステムの構築とこれに関連する業務を，システム開発業者に委託する場合を想定したシステム開発委託契約である。

　システム開発委託契約は，一口に言ってもその様相は多様化していることは第1部で述べたとおりである。本契約例はウォーターフォールモデルを前提とする中規模のものを想定した基本契約である。

　ウォーターフォールモデルを前提とした大規模なシステム開発を想定したものは，2020年に経済産業省が公表した「情報システムの信頼性向上のための取引慣行・契約に関する研究会」～情報システム・モデル取引・契約書～（受託開発（一部企画を含む），保守運用）〈第二版〉」，平成20年に同省が公表した「～情報システム・モデル取引・契約書～（パッケージ，SaaS/ASP 活用，保守・運用）＜第二版追補版＞」を参照してほしい。

　非ウォーターフォール型の契約例については，情報処理推進機構ホームページにおいて公表されており，こちらも参照してほしい。

システム開発委託契約書

　●●●●株式会社（以下「甲」という。）と株式会社××××（以下「乙」という。）は，甲の○○○システムの開発に関する業務について，甲を委託者，乙を受託者として，以下のとおり契約（以下「本契約」という。）を締結する。

第1条（定義）

　本契約において使用される用語の定義は，次の各号に定めるとおりと

する。

(1) 「委託業務明細書」とは，本契約書に別紙1〔省略〕として添付される「委託業務明細書」1から3までを総称していう。

(2) 「本業務」とは，委託業務明細書に記載されたすべての業務を総称していう。

(3) 「本システム」とは，委託業務明細書1の記載に従って乙によって開発されるべきハードウェア，ソフトウェア及び付帯設備を含む情報システムを総称していう。

(4) 「企画支援業務」とは，本システムの構築のための甲が行う企画，設計及び仕様書の作成等に関して乙が甲に対して提供する準委任形態の支援業務で，委託業務明細書2に記載された業務をいう。

(5) 「システム構築業務」とは，委託業務明細書1及び本契約第4条に従って決定される「最終仕様書」に基づいて乙が甲に対して提供する本件システムを構築する請負形態の業務をいう。

(6) 「本プログラム」とは，本システムのうち件システムのために乙によって新たに開発されるプログラムをいう。

(7) 「運用支援業務」とは，本システムの甲による導入，運用等に関して乙が甲に対して提供する準委任形態の支援業務で，委託業務明細書3に記載された業務をいう。

(8) 「原始資料」とは，本業務のために甲が乙に対して提供する別紙2〔省略〕「原始資料目録」記載の資料及び本契約の履行過程において随時必要に応じて甲から乙へ提供される資料をいう。

(9) 「本業務担当者」とは，本業務の遂行に関する甲及び乙の各責任者で，別紙3〔省略〕「業務担当者名簿」に記載された者をいう。

(10) 「本作業スケジュール」とは，別紙4〔省略〕「作業スケジュール」に記載された本業務の遂行に関する時間的なスケジュールをいう。

コメント

　　本条は，本契約例において使用される用語の定義を定める規定である。
　　システム開発委託契約においては，対象となる業務の内容や範囲等に関し

て争いになることが多いため，できるだけ明確かつ詳細な定義を定めることが望ましい。

　ウォーターフォールモデルでは，要件定義等の基本計画が重要になると考えられるところ，本契約では別紙形式を用いて詳細な定義を定めている。

　システム開発委託契約には複数の業務が予定され，法解釈上も典型契約上の評価が分かれることがありうる。当事者の予測可能性の観点から，事前に契約書において明記しておくことが望ましい。

　また，システム開発契約は，専門的な知識や情報が不可欠な業務のため，当事者双方のシステム専門家を同席させ，内容について吟味する必要がある。

第2条（本業務の委託）

　甲は，乙に対し，本契約に定める条件に従って本業務を委託し，乙は，これを受託する。

コメント

　本条は，業務の委託および受託に関する当事者双方の意思の確認を定める条項である。

第3条（支援業務の実施等）

1　乙は，本作業スケジュールに従い，企画支援業務及び運用支援業務（以下総称して「支援業務」という。）を実施する。

2　乙は，支援業務につき，各業務終了後○○日以内に当該支援業務の完了報告書（以下「業務完了報告書」という。）を作成し，これを甲に提出して当該支援業務の完了を甲に報告する。

3　甲は，前項に基づいて乙から提出を受けた業務完了報告書の受領後○○日以内に，その内容についての確認を行うものとし，異議がない場合には，本業務の担当者の記名押印を付した受領確認書を発行し，もって，当該支援業務の検収とする。

4　甲が，前項に定める期間内に本業務の担当者による受領確認書を乙に交付しない場合であっても，当該期間の完了をもって，当該支援業務に

ついて甲による検収が完了したものとみなす。

5 甲は，支援業務の実施に対する乙の責任が，各委託業務明細書に従って善良なる管理者の注意をもって当該支援業務を処理することに限定されることを確認する。

6 乙が，前項の善良なる管理者の注意を怠り，これによって甲に損害が生じた場合には，乙は，甲に対して，第11条に定めに従って賠償責任を負うものとする。

コメント

本条は，支援業務の内容について定める規定である。

システム開発委託契約においては，スケジュールの遅れによるトラブルが多い。そのため，第1項で遵守義務を確認している。

また，第2項・第3項で書面により業務の報告と受領等をすることとし，後の紛争になった場合のリスクを管理しておくことが重要である。

受託者は，準委任契約と解される部分に関しては民法上善管注意義務を負っているものの（656条，644条），確認のため規定を置くことも多く，第5項・第6項もその例に倣っている。

なお，「業務完了報告書」の形式や記載すべき内容等についても当事者間で協議が調えば記載しておくことが望ましい。

第4条（システム構築業務の実施等）

1 甲は，本作業スケジュールに従って，本件システム構築のための仕様書を作成し，乙に提出する。

2 乙は，前項に基づいて甲から提出された仕様書の内容を検討し，かかる仕様書の内容が本プログラムを含む本件システムの構築及び本業務の遂行に十分なものであるか否かの確認を行う。

3 前項の検討及び確認作業の結果，乙が当該仕様書が適切ではないと判断した場合には，乙は，甲に対して速やかにその旨を通知し，甲乙協議のうえ，仕様書の補正ないし変更を行うものとする。

4 前3項によって決定された仕様書をもって本システム構築のための最終仕様書（以下「最終仕様書」という。）とし，乙は，かかる最終仕

様書に従って本システム構築業務を実施する。

5　前項に基づく乙の本システム構築業務着手後において，甲又は乙が最終仕様書の変更が必要であると判断した場合には，かかる当事者は，その業務担当者を通じて相手方の業務担当者に対してその旨を通知し，○○日以内に甲乙協議のうえ，当該最終仕様書の変更の可否，当該変更の内容及び当該変更に伴う本作業スケジュール，業務の対価を含む契約条件の変更について決定する。

6　甲及び乙は，前項の定めに基づく最終仕様書の変更及びこれに伴う契約条件の変更は，第19条に定める手続によってのみその効力を生ずることを確認する。ただし，前項に基づく業務の結果，甲及び乙が，最終仕様書の変更が本作業スケジュール，業務の対価を含むその他のいかなる契約条件の変更も伴わないものであることに同意した場合にはこの限りではない。

コメント

　　本条は，システム構築業務の内容について定める規定である。本契約例では，システム構築のための仕様書を乙の支援業務のもとに甲が作成することを前提とし，その内容を乙が確認して業務を実施することを予定している。

　　仕様およびその変更についてトラブルになることが多く，注意する必要がある。たとえば，完成後の機能等が委託者の予期していたものと異なる場合や，仕様変更に基づいて作業した結果としてシステムに重大な欠陥が生じた場合などである。

　　このトラブルを防ぐ意味で，仕様の決定について明確に規定しておくべきである。

第5条（原始資料の提供及び取扱等）

1　甲は，本契約締結後又は乙からの要求がある都度，乙に対し，無償で，原始資料を提供する。

2　甲は，原始資料中に第三者との関係で秘密保持義務又は使用制限その他の義務を負うものが含まれている場合には，当該第三者との関係にお

いて，当該原始資料の乙への提供及び乙による使用等を適法化ならしめる許諾の取得若しくは契約の締結をしなければならない。

3　乙は，甲より提供を受けた原始資料及び次項に基づいて乙が作成したそれらの複製若しくは改変物を，善良なる管理者の注意をもって管理，保管し，かつ，本業務以外の用途に使用しないものとする。

4　乙は，本業務の遂行上必要がある場合には，甲から提供を受けた原始資料の複製を作成し又は改変することができる。

5　乙は，甲から提供を受けた原始資料及び前項に基づいて作成したこれらの複製物並びに改変物が本業務の遂行上不用となった場合には，甲の指示に従って，遅滞なくこれらの返還又は破棄その他の処分をしなければならない。

コメント

　　本条は，システム開発に必要な資料の提供，保管，使用，および返還等について定める規定である。

　　原始資料は第15条の秘密保持義務の対象となるもので，一部同条と重なるものの，注意喚起を含めて規定する場合もあり，本条はその例に倣っている。

　　第2項では，第三者の権利が関わってくる場合に備え，事前に許諾を得る等の措置を行い合法的に提供がなされるように定めている。

第6条（設備，機械等の調達）

1　甲は，本契約締結後遅滞なく，別紙5〔省略〕「調達物品目録」記載のハードウェア，ソフトウェアその他の物品を，自己の費用をもって調達する。

2　甲は，前項の定めに従って調達した物品を含む自社保有製品について，乙がシステム構築業務を適法にするのに必要な権限を取得するものとする。

コメント

　　本条は，システム構築のために物品の調達をどちらが行うかについて定める規定である。委託業務に使用するソフトウェアについて，ライセンス

許諾などの問題が生じる場合があるため，第2項の定めを置いている。

第7条（検収）

1　甲及び乙は，その協議に基づき本システムの甲による受入れのための検査基準，テスト項目，テストデータ，これらの方法及び期間等を定めた「検査仕様書」（以下「本検査仕様書」という。）を作成する。

2　乙は，委託業務明細書1に定める納入期日までに，同明細書記載の納入場所において，本システムを甲に対して納入する。

3　甲は，前項に基づく本システムの納入後○○日以内に本検査仕様書に従って，乙の支援の下に本件システムの受入検査を実施する。

4　本システムが前項に定める受入検査に合格した場合には，甲は乙に対し，甲の本業務の担当者が記名押印した検査合格書を交付する。

5　第3項に定める期間内に前項に定める検査合格書が交付されない場合，又は，当該期間内に甲から乙に対して不合格の具体的な理由が示されない場合においては，当該期間の満了をもって，本システムは受入検査に合格したものとみなす。

6　本システムの甲による検収は，第4項に定める検査合格書の交付又は前項に定める期間満了によるみなし合格をもって完了する。

7　本システムの全部又はその一部が第3項に定める受入検査に不合格となった場合には，甲は乙に対し，本検査仕様書に定める期間内にその旨を理由を付して通知し，乙は，かかる不合格の通知を受けた場合には，速やかにその補正を行うものとする。

8　前項に基づく乙の補正後の本システムの再検査及び検収の手続については，第3項から第6項までの定めによるものとする。

コメント

　　本条は，構築されたシステムの納入および受入れについて定める規定である。構築されたシステムが結果的に異なっている場合があるため，委託者は目的物について十分に検収する必要がある。

　　本契約例は，受託者（乙）による受入検査に関する支援をシステム構築業務に付随する業務として位置付けている。また，本契約例は契約締結段

階において仕様が確定していない場合を想定し，第１項のように規定している。仕様が確定できるのであれば，契約条項に詳細に規定することになる。

第８条（危険負担）

　システム構築業務に関して乙から甲へ納入すべき物品について，前条に定める検収の完了前に生じた滅失又は毀損は，かかる滅失又は毀損が甲の責めに帰すべき場合を除き乙の負担とし，前条に定める検収の完了後に生じた滅失又は毀損については，乙の責めに帰すべき場合を除き甲の負担とする。

コメント

　本条は，危険負担について定める規定であり，検収の完了をもって危険が受託者（乙）から委託者（甲）に移るとしている。

第９条（契約不適合責任）

１　本プログラムのうち第12条の定めに従って乙に著作権が帰属するものについて，最終仕様書との不一致が発見され，第７条に基づく検収完了後１年以内に甲が乙に対してその旨を通知した場合には，甲及び乙は，その原因について協議するものとし，その結果により次の各号のいずれかの処理を行うものとする。

⑴　当該不一致が乙の責めに帰すべきものであると判断された場合には，乙は，かかる不一致について無償で修理を行うものとする。

⑵　当該不一致が乙の責めに帰すべきものであることが確認できなかった場合には，甲は乙に対し，自己の費用負担で当該不一致の修正を求めることができるが，その場合の費用，納期その他の条件については，別途甲乙間において契約を締結するものとする。

２　本プログラム等のうち前項に定めるもの以外について不一致が発見され，その旨を第７条に基づく検収完了後○○日以内に甲が乙に通知した場合においては，乙は，無償で，当該不一致のあるプログラムを良品

と交換しなければならない。

3 本システムに含まれる設備・機器その他のハードウェア（ただし，第6条第1項の定めに基づいて甲が自ら調達したものを除く。）につき不一致が発見され，第7条に基づく検収完了後1年以内に甲がその旨を乙に通知した場合には，乙は，当該不一致について無償で補修を行うものとする。

4 本条に定める場合を除き，本プログラム等の不一致によって甲に損害が生じた場合の乙の責任は，第11条の定めによるものとする。

コメント

　　委託目的物を受領するにあたり十分な検収が必要であることは第7条のコメントにおいて述べたが，検収を行っても検収時にはシステム開発契約の場合はとくに不具合について発見できず，実際に使用してみてわかることが往々にしてある。その場合に備え，本条の規定を置いておくことが望ましい。

　　第1項において，まず，仕様書との不一致について原因究明を行うこと，第2項はその他の不一致が発見された場合の対応，第3項では請負人の担保責任（民法562条）に準じる内容，第4項では第11条（責任の制限）との関係を定めている。

　　本条では，不適合について明確な定義を置いていないが，たとえば「不適合（最終仕様書との不一致及び目的物が通常有すべき性質を有していないこと）が発見され…」と規定することも考えられる。

　　契約不適合責任を負う期間を長くすれば，委託者に有利になり，短くすれば受託者に有利になる。本条では現行民法と同じ1年としている。

第10条（著作権に関する保証等）

1 乙は，甲に対し，本プログラム等の甲による使用が，第12条に反しない限りにおいて，第三者の著作権その他のいかなる権利をも侵害しないことを保証する。

2 甲は，甲が本プログラム等の使用に関して第三者から権利侵害等の理由に基づく苦情又は請求を受けた場合には，乙に対し，遅滞なくその

旨を通知し，かつ当該第三者との交渉又は訴訟手続その他当該紛争の解決に関する実質的な権限を乙に与えるとともに，乙に対し必要かつ可能な限りの援助をしなければならない。

3　乙は，前項に定める場合，甲が第1項及び前項所定の条件をすべて充足する限りにおいて，次条に定める金額を条件として，甲の第三者に対する損害賠償額及び弁護士費用相当額を甲に対して支払うものとする。

コメント

　　本条は，受託者が開発したソフトウェア等の委託者による使用が第三者の権利を侵害した場合を想定した規定である。

　　第1項は第三者の権利を侵害しないことの表明保証条項，第2項は第三者の権利侵害が生じクレームを受けた場合の規定，第3項は委託者と受託者の賠償等の費用負担を定めている。

第11条（責任の制限）

1　第3条第6項，第9条又は前条第3項の定めに基づいて乙が甲に対して負うべき損害賠償責任並びに本契約に定める乙の義務の履行又は不履行に関し甲が被った損害に対する乙の賠償責任は，甲が現実に被った通常の直接損害のみを対象とし，かつ，当該損害発生の直接の原因となった本業務の対価として乙が甲より支払を受けた委託料相当額を当該損害賠償額の累積限度額とする。

2　前項の定めにかかわらず，甲が乙の承諾又は指示を得ずに行った本件システムの改変は補修（本システムに含まれないハードウェアとの接続，ソフトウェアとの組み合わせ等を含む。），本プログラム等に，よって生じた本件システムの不具合，第三者の権利に対する侵害その他乙の責めに帰すべからざる事由によって甲に生じたいかなる損害についても，乙は，賠償義務を負わないものとする。

3　甲は，前2項の定めが，債務不履行，契約不適合責任，不法行為その他の請求原因の法的性質いかんにかかわらず，本業務の遂行その他の本契約上の義務に関する乙の甲に対する責任の限度を定めたものであるこ

とを確認する。

　　本条は，受託者の責任の限度を定める規定である。責任限定条項につい
て，スルガ銀行対日本IBM事件で争点となったことは第1部(19頁)を参照。

　　責任の限定の仕方として，たとえば，具体的金額をあらかじめ設定して
損害賠償額の予定をする方法がある。この場合，賠償額の立証の負担がな
くなる一方，賠償額が実際の損害額を超えることが考えられる。

　　第1項は，委託者に生じたすべての損害に対する賠償額の限度額として，
委託料相当額としている。

　　システム開発契約をめぐる訴訟では，ベンダー側のプロジェクトマネジ
メント義務が問題となることが多い (東京地判平成16年3月10日判タ1211
号129頁)。大別して，①パッケージソフトウェアの事前検証，②データ移
行の事前検証，③見積額の説明，④進捗管理，⑤追加開発，⑥中止提言義
務の不履行と分かれる。システム開発が中途で頓挫したケースの訴訟では，
プロジェクトマネジメント義務違反が認定された場合，損害賠償請求また
は原状回復請求を受ける場合が多い。

第12条（プログラム等に対する権利の帰属）

1　本業務の遂行過程において，甲又は乙（いずれの場合も，その役員及
び従業員を含む。以下，本条において同様とする。）にいずれかが単独
で行った本システムに関する発明, 考案等（以下「関連発明等」という。）
に対する特許権等の工業所有権又はこれらを受ける権利（以下「特許権
等」という。）は，それぞれ，当該発明等を単独で行った当事者に帰属
するものとし，当該当事者は，自己に帰属する権利について，その相手
方当事者の承諾を得ることなく出願その他の手続を行うことができる。

2　本業務の遂行過程において，甲及び乙が共同して行った関連発明等に
対する特許権等は，甲及び乙の共有に属するものとし，出願等の手続に
ついても甲乙共同でこれをなすものとする。この場合，いずれの当事者
も，その相手方の承諾なく無償で当該関連発明等を自ら実施することが
できる。ただし，甲又は乙が，第三者に対して，甲乙の共有に係る当該
関連発明の実施を許諾しようとする場合には，相手方当事者の事前の書

面による同意を得なければならない。

3　本プログラム及び本プログラムに結合され組み込まれたもので乙が従前より有していたプログラム，ルーチン，モジュール及びノウハウ等に対する著作権その他の権利は，乙に帰属するものとし，乙は，これらを利用して本プログラムと同種のプログラムを作成することができる。ただし，甲は，本件プログラムの複製を，別紙6〔省略〕記載の本システムの設置場所及びその構成機器において無償で使用することができる。

4　本業務の遂行過程において新たに作成されたドキュメント等の著作物に対する著作権は，当該ドキュメント等を作成した当事者に帰属するものとし，甲及び乙は，相手方当事者に対し，本契約の履行関して必要な限度で，当該ドキュメント等の利用を無償で許諾する。

5　本業務の遂行過程において甲乙共同して新たに作成したドキュメント等の著作物に対する著作権は，甲乙の共有に属するものとし，いずれの当事者も，その相手方当事者の承諾なく，無償にて当該ドキュメント等の著作物を使用し，かつ，第三者に使用させることができる。

コメント

　　本条は，契約の履行過程において生じる知的財産権の帰属を定める規定であり，システム開発契約においてトラブルが生じやすい箇所である。

　　本条は，プログラム等の著作権を委託者に譲渡するものとはしていない。相当な対価と引き換えに委託者に譲渡することも考えられるが，譲渡した場合は受託者の自由な使用が制限される。また，譲渡を受けた委託者としては，著作者人格権について受託者の不行使を定めておく必要がある。

　　本条では知的財産権のくくりで1つにまとめているが，譲渡については特許権（特許法98条）やその他の産業財産権は登録を譲渡の効力要件としている一方，著作権の譲渡は登録しなければ第三者に対抗できない（著作権法77条）としている点で違いがあることに注意する必要がある。

第13条（委託料）

1　甲は，乙に対し，別紙7〔省略〕「業務委託報酬及び費用明細書」の定めに従い，本業務の対価及び費用を，同明細書に定める方法によって支払うものとする。

2　第4条第5項の定めに基づく場合その他の不測の事態が発生したことによって業務委託報酬及び費用明細書に定める本業務の対価及び費用又はその支払条件等を変更する必要が生じた場合には，甲乙協議のうえ，第19条の定めに従ってこれを変更する。

コメント

　　本条は，業務委託の対価等の支払を定める規定である。一般に，システム構築，検収の完了後に一括して支払を受ける請負型のパターンと，継続する特定の期間の対価として月払等によって支払を受ける準委任型のパターンに分けられる。本条は別紙においてこれを定める形式をとっている。

　　全額後払の方式では受託者側が回収できない場合が考えられるので，報酬の一部を前払にする等の工夫が必要である。

　　別紙の明細書には業務ごとに報酬と費用の明細，請求書の締め日，請求書の送付日，支払日について記載する。なお，業務委託報酬には消費税が課されるため，忘れずに規定する必要がある。

第14条（再委託）

1　乙は，本業務の全部又はその一部を，乙の責任において第三者に委託することができる。

2　前項の場合，乙は，当該再委託先に対して，次条に定める秘密保持義務と同様の義務を負わせなければならない。

コメント

　　本条は，委託事務の再委託を定める条項である。再委託を認める内容となっているが，その前提として再委託については受託者（乙）が責任を負うこと，再委託先は乙と同様の守秘義務を負うことを条件としている。

　　通常，委託者は受託者の能力や評判を考慮し選定しているため，再委託

先が自由であるとすることは委託者としては望ましくない場合が多い。そのため，責任については本条のように受託者が負い，再委託先についても秘密保持義務を負わせるべきである。

　本条のように再委託を認めるほか，再委託を認めない条項（[1]製造委託基本契約の第8条を参照）や，再委託にあたって委託者の事前の書面による同意を必要とする条項（[2]OEM取引基本契約の第15条を参照）などが考えられる。

　なお，本契約例はあくまで甲と乙の契約であり，本契約の締結により当然に再委託先に秘密保持義務が生じるわけではない。別途乙と再委託先との間で秘密保持契約などを締結する必要がある。

　再委託する場合，下請代金支払遅延等防止法（下請法）の規制に注意する必要がある。とくに親事業者は発注にあたり必要的記載事項をすべて記載した書面の交付義務を負う（下請法3条）。この点，紙による交付が手間になるため，下請業者との事前の合意により電磁的方法（電子メール等）に代えることができることも押さえておくとよい（60頁以下参照）。

第15条（秘密保持義務）

1　甲及び乙は，本契約を通じて知り得た，相手方が開示に当たり，書面，口頭，その他方法を問わず，秘密情報であることを表明したうえで開示した情報（以下「秘密情報」という。）を，厳に秘密として保持し，相手方の書面による事前の承諾なしに第三者に開示，提供，漏えいし，また本契約の履行以外の目的に使用してはならない。ただし，法令上の強制力を伴う開示請求が公的機関よりなされた場合は，その請求に応じる限りにおいて，開示者への速やかな通知を行うことを条件として開示することができる。

2　前項の規定にかかわらず，次の各号のいずれか一つに該当する情報は，秘密情報に当たらないものとする。

(1)　開示の時点で既に被開示者が保有していた情報

(2)　秘密情報によらず被開示者が独自に生成した情報

(3)　開示の時点で公知の秘密

(4)　開示後に被開示者の責めに帰すべき事由によらずに公知となった情報

(5) 正当な権利を有する第三者から秘密保持義務を負うことなく開示された情報

3 本条の規定は、本契約の終了後も有効に存続するものとする。

コメント

　本条は、秘密保持義務を定める規定である。システム開発契約においてはさまざまな営業秘密等が提供されるため重要な条文である。

第16条（解除）

1 甲は、乙が次の各号のいずれか一つに該当したときは、何らの通知、催告を要することなく、直ちに本契約の全部又は一部を解除することができる。

(1) 本契約に定める条項に違反し、乙に対し催告したにもかかわらず14日以内に当該違反が是正されないとき

(2) 監督官庁により営業の許可取消し、停止等の処分を受けたとき

(3) 支払停止若しくは支払不能の状態に陥ったとき、又は手形若しくは小切手が不渡となったとき

(4) 第三者により差押え、仮差押え、仮処分若しくは競売の申立て、又は公租公課の滞納処分を受けたとき

(5) 破産手続開始、民事再生手続開始、会社更生手続開始、特別清算手続開始の申立てを受け、又は自ら申立てを行ったとき

(6) 解散、会社分割、事業譲渡又は合併の決議をしたとき

(7) 資産又は信用状態に重大な変化が生じ、本契約に基づく債務の履行が困難になるおそれがあると認められるとき

(8) その他、前各号に準じる事由が生じたとき

2 前項の規定により本契約が解除された場合、乙は期限の利益を喪失する。

3 第1項により本契約が解除された場合、乙は、解除により甲が被った損害の一切を賠償する。

4　第1項により本契約が解除された場合であっても，甲は，解除により乙が被った損害を賠償する責任を負わない。

コメント

　本条は，契約の解除について定める規定である。

　契約に解除の定めを置かない場合，民法により解釈されることになるが，仕事の完成前は履行遅滞による解除（541条），履行不能による解除（543条）により，完成後は契約不適合責任による解除（564条）によることになる。

　システム開発委託契約の場合，受託者に製造コストが大きくかかることが多く，契約途中で解除されると不利益を被ることが多い。そのため，以下のように解除時点での出来高に応じた報酬を請求するという条項もありうる。

　「解除が行われた場合，受託者が既に作成した納入品（完成の有無を問わない。）の引渡し及び当該納入品に係る著作権（著作権法27条及び第28条に定める権利を含む。）の譲渡と引き換えに，委託者は受託者に対し，その対価として相当額の報酬を支払う。」

　相当額の定めの部分は，完成割合に応じて算定するもの，作業工数に応じて算定する，時間ベースで算定する等の規定の仕方もできる。

第17条（通知）

1　本契約に基づき甲乙間において取り交わされたあらゆる通知，要求その他の連絡は，書留郵便，ファックス又は電子メールをもって，本業務の担当者間においてなされるものとする。

2　いずれの当事者も，前項に定める本業務の担当者に関する事項について変更を生じた場合には，相手方当事者に対し，遅滞なく書面によって通知しなければならない。

3　第1項の定めにかかわらず，前条に定める解除権行使のための通知は，解除権を行使しようとする当事者の本業務の担当者から相手方当事者の本業務の担当者に対する書面（書留郵便又はファックス）による通知をもってこれをなすものとする。

　本条は，当事者間の公式の通知・連絡について定める規定である。

　業務委託が委任の性格を有している場合，報告条項がなくても民法上受託者には報告義務が課される（645条）。もっとも，報告の方法等についてはとくに定められていない。

　本条では，システム開発契約において当事者間で頻繁に情報のやり取りがなされることから，窓口の一本化と伝達方法の特定をしている。

　受託者は，報告事務に時間を割くことになるため，報告義務を負わない旨の規定を定めれば，受託者に有利になる。

第18条（譲渡禁止）

　甲及び乙は，第14条の場合を除き，本契約に基づく権利又は義務の全部若しくはその一部を，相手方当事者の事前の書面による同意を得ずに，第三者に譲渡若しくは移転したまま第三者のための担保に供する等一切の処分をしてはならない。

　本条は，契約上の地位の移転を禁止する規定である。継続的契約である場合，双方の能力等を信頼して契約関係に入る場合が多く，契約上の地位移転を制限する例が多い。もっとも，本契約例は再委託について認めることから，第14条（再委託）の場合を除く旨を定めている。

　なお，2017年の民法改正によって，譲渡禁止特約に反する債権の譲渡が有効となる（466条）ほか，契約上の地位の移転が明文化された（539条の2）。契約または債権債務の譲渡が行われた場合には，契約を解除することができる旨の条項を入れるなどの対応が必要であろう。

第19条（契約の変更）

　すべての別紙を含む本契約の全部又はその一部の変更は，甲及び乙の正当な権限を有する代表者の記名及び押印を付した書面によらなければ，その効力を生じないものとする。

　本条は，契約の変更等の方式を定める規定である。システム開発契約は，業務の進行に伴い随時変更修正される場合があり，変更内容に起因しトラブルが生じることがあるため，方式等を厳格に定めておく必要がある。

第20条（協議）

　本契約に定めのない事項又は本契約に生じた疑義について，甲及び乙は，誠実に協議して解決を図る。

コメント

　本条は，いわゆる協議条項で，一般に特別の法的効果はないと考えられているが，実務上は規定されることが少なくない。

第21条（合意管轄）

　本契約に関して甲乙間に生じる一切の紛争については，○○地方裁判所を第一審の専属的合意管轄裁判所とする。

コメント

　本条は，管轄裁判所を定める規定である。本条のような条項がない場合は，一般的に被告の所在地（民事訴訟法４条），不法行為地（同法５条９号）のほか，金銭的な訴えであれば，義務履行地（同条１号）が管轄裁判所となる。

　意匠権や商標権，プログラムの著作物についての著作者の権利を除く著作者の権利などに関する訴えによる営業上の利益の侵害にかかる訴えについては，東京地方裁判所または大阪地方裁判所が管轄裁判所となる（同法６条の２）。

4 特定個人情報（マイナンバー）管理委託契約

　本契約例では，自社従業員の特定個人情報（いわゆるマイナンバー）の収集・管理・廃棄等に関する管理業務全般を外部に委託しようと考えている事業者が，マイナンバーに関する当該管理業務全般を受託している事業者に対して，当該管理業務を全面的に委託する場合を想定している。

　個人情報保護法などの情報法の分野ではガイドラインを含む改正が続いているので，事業者としてはこれらの情報のアップデートに努めなくてはならない。

　本契約例との関係では，マイナンバー法の一連の改正が重要である。

　2015年改正は，同年に発生した日本年金機構からの情報漏えいの事故等も踏まえており，情報漏えい等に関する新たな規制が増えている点に注意されたい。なお，ベネッセの情報漏えいの事件も本契約例と関連する問題である（14頁参照）。

　2021年5月12日に「デジタル社会の形成を図るための関係法律の整備に関する法律案」が成立した。この改正は，デジタル社会形成基本法に基づきデジタル社会の形成に関する施策を実施するため，個人情報保護法やマイナンバー法などの関係法律について所要の整備を行うことを目的とする。個人情報保護委員会が作成した「デジタル社会の形成を図るための関係法律の整備に関する法律案の概要」は，以下のとおりである。

デジタル社会の形成を図るための関係法律の整備に関する法律案の概要

趣旨
デジタル社会形成基本法に基づきデジタル社会の形成に関する施策を実施するため、個人情報の保護に関する法律、行政手続における特定の個人を識別するための番号の利用等に関する法律等の関係法律の整備を行う。

概要

個人情報保護制度の見直し（個人情報保護法の改正等）
① 個人情報保護法、行政機関個人情報保護法、独立行政法人等個人情報保護法の3本の法律を1本の法律に統合するとともに、地方公共団体の個人情報保護制度についても統合後の法律において全国的な共通ルールを規定し、全体の所管を個人情報保護委員会に一元化。
② 医療分野・学術分野の規制を統一。国公立の病院、大学等には原則として民間と同等の規律を適用。
③ 学術研究分野を含めGDPR（EU一般データ保護規則）の十分性認定への対応を目指し、学術研究に係る適用除外規定について、一律の適用除外ではなく、義務ごとの例外規定として精緻化。
＊個人情報の定義等を国・民間・地方で統一するとともに、行政機関等での匿名加工情報の取扱いに関する規律を明確化。
施行日：公布から1年以内（地方公共団体関係は公布から2年以内）

マイナンバーを活用した情報連携の拡大等による行政手続の効率化（マイナンバー法等の改正）
① 国家資格に関する事務等におけるマイナンバーの利用及び情報連携を可能とする。
② 従業員本人の同意を得た場合における転職時等の特定個人情報の提供を可能とする。
施行関連：公布（①のうち国家資格関係事務以外（健康増進事業、高等学校等就学支援金、知的障害者など）、公布から4年以内（①のうち国家資格関係事務））、令和3年9月1日（②）

マイナンバーカードの利便性の抜本的向上、発行・運営体制の抜本的強化（郵便局事務取扱法、公的個人認証法、住民基本台帳法、マイナンバー法、J-LIS法等の改正）

＜マイナンバーカードの利便性の向上＞
① 住所地市区町村が指定した郵便局において、公的個人認証サービスの電子証明書の発行・更新等を可能とする。
② 公的個人認証サービスにおいて、本人同意に基づき、基本4情報（氏名、生年月日、性別及び住所）の提供を可能とする。
③ マイナンバーカードについて、電子証明書のスマートフォン（移動端末設備）への搭載を可能とする。
④ マイナンバーカード所持者の転出届に関する情報を、転入地に事前通知する制度を設ける。 等
施行日：公布（①）、公布から2年以内（以外）

＜マイナンバーカードの発行・運営体制の抜本的強化＞
① 地方公共団体情報システム機構（J-LIS）による個人番号カード関係事務について、国による目標設定、計画認可、財源措置等の規定を整備、国による是正措置、計画認可、財源措置等の規定を整備。
② J-LISの代表者会議の委員に国の職員を追加するとともに、理事長及び監事の任免に国が関与する等、国によるガバナンスを強化。
③ 電子証明書の発行に係る市町村の事務を法定受託事務とする。 等
施行日：令和3年9月1日

押印・書面の交付等を求める手続の見直し（48法律の改正）
○ 押印を求める各種手続についての押印の廃止を不要とするとともに、書面の交付等を求める手続について電磁的方法により行うことを可能とすることを可能とする。
施行日：令和3年9月1日（施行日までに一定の準備期間が必要なものを除く。）

契約を締結する場合は契約書の条項の検討のみならず，情報管理，安全管理の観点から，取扱事務の内容にも注意する必要がある。

この点，「特定個人情報の適正な取扱いに関するガイドライン（事業者編）」の「（別添）特定個人情報に関する安全管理措置では，安全管理措置」の検討手順として，個人番号を取り扱う事務の範囲の明確化，特定個人情報等の範囲の明確化，事務取扱担当者の明確化，基本方針の策定，取扱規程等の策定を定めていることが参考になる。

マイナンバー管理委託契約書

●●●●株式会社を甲とし，一般財団法人××××を乙として，甲乙間において以下のとおり業務委託契約（以下「本契約」という。）を締結する。

第1条（目的）

乙は，甲に対し，本契約期間中，本契約に定めるところにより，第3条に定める業務を委託し，甲はこれを受託する。

コメント

本条は，契約の目的を定める規定である。なお，本契約例では，委託者は乙，受託者が甲である。

第2条（定義）

本契約において使用される用語の定義は，次の各号に定めるところによるものとする。

(1)「本業務」とは，次条に規定する，乙が甲に委託する業務の内容をいう。

(2)「個人情報」とは，乙の従業者の生存する個人に関する情報であって，当該情報に含まれる氏名，生年月日その他の記述等により特定の個人を識別することができるもの（他の情報と容易に照合することができ，それにより特定の個人を識別することができることとなるものを含む。）をいう。

⑶　「個人番号」とは，「行政手続における特定の個人を識別するための番号の利用等に関する法律」（以下「マイナンバー法」という。）第7条第1項又は第2項の規定により，住民票コードを変換して得られる番号であって，当該住民票コードが記載された住民票に係る者を識別するために指定されるものをいう。

⑷　「特定個人情報」とは，個人番号をその内容に含む個人情報をいう。

⑸　「特定個人情報ファイル」とは，個人番号をその内容に含む個人情報ファイル（個人情報を含む情報の集合物であって，特定の個人情報について電子計算機を用いて検索することができるように体系的に構成したもののほか，特定の個人情報を容易に検索することができるように体系的に構成したもの。）をいう。

⑹　「個人番号利用事務」とは，行政機関，地方公共団体，独立行政法人等その他の行政事務を処理する者がマイナンバー法第9条第1項又は第2項の規定によりその保有する特定個人情報ファイルにおいて個人情報を効率的に検索し，及び管理するために必要な限度で個人番号を利用して処理する事務をいう。

⑺　「個人番号関係事務」とは，マイナンバー法第9条第3項の規定により個人番号利用事務に関して行われる他人の個人番号を必要な限度で利用して行う事務をいう。

⑻　「個人番号利用事務等責任者」とは，甲において委託業務に係る特定個人情報の管理に関する責任を担うものをいう。

⑼　「個人番号利用事務等担当者」とは，甲において委託業務に係る特定個人情報を取り扱う事務に従事する者をいう。

⑽　「役職員」とは，乙の組織内にあって直接又は間接に乙の指揮監督を受けて乙の業務に従事している者をいい，雇用関係にある従業者（正社員，契約社員，嘱託社員，パート社員，アルバイト社員等）のみならず，乙との間で雇用関係にない者（取締役，監査役等）を含むが，派遣社員は含まないものとする。

⑾ 「第三者」とは，甲及び乙（甲及び乙の役職員を含む。）以外のすべ
ての者をいう。

コメント

　本条は，本契約例において使用される用語の定義を定める規定である。
　マイナンバー法の逐条解説（内閣府大臣官房番号制度担当室）の定義や
個人情報保護法の定義を用いている。近年これら情報法の分野では改正が
頻繁に行われており，ガイドラインを含めて改正内容についてアップロー
ドすることが望ましい。

第3条（委託の内容）

　本業務の内容は，次のとおりとする。

⑴　乙の行う個人番号利用事務及び個人番号関係事務に関して，乙の役
職員の特定個人情報の収集をすること

⑵　前項の際，マイナンバー法第16条に基づく本人確認を行うこと

⑶　乙の役職員から収集した特定個人情報を保管すること

⑷　乙に代わって，個人番号利用事務及び個人番号関係事務に関して，
行政機関等に対して特定個人情報を提供すること

⑸　保管している乙の役職員の特定個人情報を法令上の保存期間の経過
後に廃棄又は削除すること

コメント

　本条は，委託の内容を定める規定である。第1号のように，委託契約に
おいて委託先が，委託者の従業員等のマイナンバーを直接収集する旨定め
れば，委託先が従業員等の特定個人情報を直接収集することができる。本
条では，番号の収集・確認（第1号・第2号），保管（第3号），行政機関
等への提供（第4号），削除（第5号）を定めている。

第4条（有効期間）

　本契約の有効期間は，契約締結日から1年間とし，甲又は乙のいずれか一方が期間満了の1ヶ月前までに別段の書面による意思表示をしないときは，更に1年間自動延長するものとし，以後も同様とする。

コメント

　本条は，契約の有効期間を定める規定である。一般に，マイナンバー管理委託契約を締結する場合，ある程度継続して締結することが想定される。初めから長期の期間を定めて契約するよりも，本条のように自動更新条項を設けて継続的に委託を行うほうが，競合他社に委託先を変えたり，受託業務をやめたりするうえで柔軟に対応ができる。

　なお，民法上，期間中の委任契約を解除する場合は，各当事者がいつでも解除をすることができる（651条1項）が，やむを得ない事由がない限り，相手方に不利な時期に委任の解除をしたときは，損害を賠償しなくてはならない（同条2項）点に注意する必要がある。

第5条（委託料）

1　本業務の対価は年間金○○○○円とし，乙は，甲に対し，半期分（6ヶ月分）金○○○○円（消費税別）をまとめて下記口座に振り込んで支払う。なお，振込手数料は乙の負担とする。

記

○　○　銀　行　　○○支店

普　通　口　座　　○○○○

口　座　名　義　　○○○○

2　前項の支払期限は，毎年1月1日から同年6月30日までの分を1月末日まで，7月1日から12月31日までの分を7月末日までとする。

コメント

　本条は，委託業務の対価の額およびその支払方法について定める規定である。

　民法上，委任契約は特約がなければ報酬を請求できないが（648条1項），

受任者が商人の場合，常に相当の報酬の支払義務がある（商法512条）。そのため，本条第1項がなくとも受任者は「相当の報酬」の請求権があるが，争いを避けるため対価またはその計算方法（タイムチャージ制など）を定めておくべきである。

　本契約例ではマイナンバーの管理も委託することを想定しており，前条のように年単位で委託期間を定めているため，毎月の支払ではなく，事務処理上の便宜等から期間単位での支払の方法をとっている。

第6条（善管注意義務）

　甲は，本業務の本旨に従い，乙のために善良な管理者の注意を払い，本業務を処理する。

コメント

　本条は，受託者の善管注意義務について定める規定である。

　本契約例が準委任契約の性質を有するため，受託者（甲）は，民法上，善管注意義務を負っている（656条・644条）。そのため，本条がなくても甲は善管注意義務を負うことになり，本条は必ずしも必要ではない。

　もっとも，マイナンバー法では情報漏えいに関しての規制等が厳しくなっていることに鑑み，受託者が善管注意義務を負っていることを明確にすることが望ましい。

第7条（本業務の管理部署・責任者・従事者等）

1　甲は，別紙1〔省略〕のとおり，本業務を統括管理する部署，個人番号利用事務等責任者および個人番号利用事務等担当者を定める。

2　個人番号利用事務等責任者は，甲における特定個人情報の目的外利用又は漏えい等が発生しないよう適切な措置を講ずるものとし，特定個人情報に関する乙との連絡窓口になるものとする。

3　甲は，別紙1の内容に変更があった場合，速やかにその旨を甲に通知しなければならない。

コメント

　本条は，委託業務の担当者を明確にする規定である。委託業務を統括管

理する部署，個人番号利用事務等責任者および個人番号利用事務等担当者を選定しておくことで，責任の所在も明確にし，情報管理を徹底することを念頭においている。

　本契約例では，企業において人事異動等が行われることを想定し，担当者を別紙に定めることで柔軟に対応できるようにしている。

　「特定個人情報の適正な取扱いに関するガイドライン（事業者編）」では，講ずべき安全管理措置の内容として，①基本方針の策定，②取扱規程等の策定，③組織的安全管理措置，④人的安全管理措置，⑤物理的安全管理措置，⑥技術的安全管理措置の項目を設けている。本条および次条は，④の人的安全管理措置に関する定めということになる。

第8条（個人番号利用事務等担当者の教育・訓練）

　甲は，個人番号利用事務等担当者に対して，本業務を行うために必要な教育及び訓練をしなければならない。

コメント

　本条は，個人番号利用事務等担当者の教育・訓練を定める規定であり，個人情報保護法上要求されている義務を内容とするものである（24条）。

　「特定個人情報の適正な取扱いに関するガイドライン（事業者編）」では，事務取扱担当者への教育等の手法として，ⅰ特定個人情報等の取扱いに関する留意事項等について，従業者に定期的な研修等を行うこと，ⅱ特定個人情報等についての秘密保持に関する事項を就業規則等に盛り込むことを例示している。

第9条（本人確認とその方法）

1　甲は，乙の役職員に関する本人確認を行う。
2　甲は，別紙2〔省略〕に従い，前項の本人確認を行うものとする。

コメント

　本条は，マイナンバー法16条に規定されている本人確認の措置について定める規定である。

　本人確認の方法として，個人番号カードの提示を受けることが必要である。やむを得ない事情によってかかる手段を採ることができない場合には，

政令で定める措置を採ることができる。本契約例では，別紙で定めるという方法にしているが，契約書の中で定めることとしてもよい。

第10条（安全管理）

　甲は，別紙３〔省略〕に従い，乙の役職員に関する特定個人情報の安全管理を行うものとする。

コメント

　本条は，安全管理について定める規定であり，個人情報保護法23条の規定に基づくものである。安全管理の具体的な方法については，「特定個人情報の適正な取扱いに関するガイドライン（事業者編）」が参考になる（136頁以下参照）。

　同ガイドラインは，講ずべき安全管理措置の内容として，①基本方針の策定，②取扱規程等の策定，③組織的安全管理措置，④人的安全管理措置，⑤物理的安全管理措置，⑥技術的安全管理措置の項目を設けている。

　同ガイドラインでは各項目について以下のような措置が考えられるとする（同ガイドライン参照）。

　①基本方針の項目として，事業者の名称，関係法令・ガイドライン等の遵守，安全管理措置に関する事項，質問および苦情処理の窓口などが考えられる。

　②取扱規程等の策定について，ⅰ取得段階，ⅱ利用段階，ⅲ保存段階，ⅳ提供段階，ⅴ削除・廃棄段階ごとに分け，取扱方法，責任者・事務取扱担当者およびその任務等について定めることが考えられる。

　③組織的安全管理措置について，組織体制として整備する項目として，ⅰ事務における責任者の設置および責任の明確化，ⅱ事務取扱担当者の明確化およびその役割の明確化，ⅲ事務取扱担当者が取り扱う特定個人情報等の範囲の明確化，ⅳ事務取扱担当者が取扱規程等に違反している事実または兆候を把握した場合の責任者への報告連絡体制等が考えられる（その他，取扱規程等に基づく運用，取扱状況を確認する手段の整備，情報漏えい等事案に対応する体制の整備，取扱状況の把握および安全管理措置の見直しについても例を挙げている）。

　⑤物理的安全管理措置については，管理区域に関する物理的安全管理措置としては，ⅰ入退室管理および管理区域へ持ち込む機器等の制限，ⅱ入

退室管理方法としては，ICカード，ナンバーキー等による入退室管理システムの設置等が考えられる（その他，機器および電子媒体等の盗難等の防止，電子媒体等の取扱いにおける漏えい等の防止，個人番号の削除，機器および電子媒体等の廃棄についても例を挙げている）。

　⑥技術的安全管理措置として，ⅰ個人番号と紐付けてアクセスできる情報の範囲をアクセス制御により限定する，ⅱ特定個人情報ファイルを取り扱う情報システムを，アクセス制御により限定することが考えられる（その他，アクセス者の識別と認証，外部からの不正アクセス等の防止，情報漏えい等の防止についても例を挙げているのでガイドラインを参照してほしい）（④人的安全管理措置については第7条・第8条のコメントを参照）。

第11条（持出しの禁止）

　甲の個人番号利用事務等担当者は，特定個人情報等を，甲の事務所内の管理区域又は取扱区域の外へ持ち出してはならない。

> **コメント**

　本条は，マイナンバー等の持出しを禁止する規定である。情報漏えいについてはベネッセ事件が顕著であるが（14頁参照），こうした不祥事を予防するためにも情報管理は徹底すべきである。

　本条は，「特定個人情報の適正な取扱いに関するガイドライン（事業者編）」の安全管理措置のうち⑤物理的安全管理措置に関するものであり，管理区域を設定し，外部への持出しを禁止している。

第12条（秘密保持義務）

　甲は，特定個人情報等を，秘密として保持し，マイナンバー法に基づき委託業務を処理する場合又は第三者に本業務の全部又は一部を再委託する場合を除き，第三者に提供，開示，漏えい等をしてはならない。

> **コメント**

　本条は，マイナンバーを秘密として保持する義務について定める規定であり，マイナンバー法25条に基づくものである。「特定個人情報の適正な取扱いに関するガイドライン（事業者編）」の求める安全管理措置のうち④人的安全管理措置，⑤物理的安全管理措置等に関するものである。

第13条（目的外利用の禁止）

　甲（個人番号利用事務等責任者及び個人番号利用事務等担当者を含む。）は，特定個人情報を，第3条以外の目的に利用してはならない。

コメント

　本条は，マイナンバーの情報の目的外使用を禁止する規定である。情報流出を予防するため，この条項を設けている。委託者の法規制とも関連している。

　個人情報保護法では，第三者提供の制限が課されており，個人情報取扱事業者が利用目的の達成に必要な範囲内において個人データの取扱いの全部または一部を委託する場合には例外的に本人の同意を得ることなく第三者提供できる（27条5項1号）。

第14条（再委託）

1　甲は，本業務の全部又は一部を第三者に再委託することができない。ただし，甲は，乙の事前の書面による同意がある場合で，かつ，再委託先に関する次の情報を書面により甲に報告して，本業務の全部又は一部を再委託することができる。

⑴　住所及び名称又は商号

⑵　甲と再委託先との間の取引関係及び取引実績

⑶　再委託先の設備及び技術水準

⑷　従業員に対する監督・教育の状況

⑸　その他再委託先の経営環境

⑹　暴力団等の反社会的勢力との関わり

2　甲は，再委託先との間で，本契約と同等の内容の再委託契約を締結しなければならない。再委託契約の中には，再委託先が委託業務の全部又は一部を再々委託する場合には，甲及び乙の事前の書面による同意を得る旨の規定を置く。

3 再委託先は，第3条に定める業務の全部又は一部の委託を受けた者と
みなす。乙は，甲が再委託先に対して適切な監督を行っているかどうか
を監督する。

コメント

　本条は，原則として再委託を禁止する規定である。本契約例では，再委
託について，データの流出リスクを極力抑えるために，原則として認めな
いこととしているが，受託する企業の都合から，再委託を認めざるを得な
い場合もあるため，委託者の書面による同意がある場合に限り，例外的に
再委託を認めることとしている。2OEM取引基本契約の第15条も，本条
と同様に，委託者の書面による同意がある場合に限って例外的に再委託を
認めているが，本条の方が厳格な規定ぶりになっている。

　マイナンバー法は，再委託を行う場合について定めを置いているため注
意する必要がある。同法は，再委託の要件として，個人番号関係事務また
は個人番号利用事務の全部または一部の「委託を受けた者」は，委託者の
許諾を得た場合に限り，再委託をすることができる（10条1項）とする。

　また，効果として，再委託を受けた者は，個人番号関係事務または個人
番号利用事務の全部または一部の「委託を受けた者」とみなされ，再委託
を受けた個人番号関係事務または個人番号利用事務を行うことができるほ
か，最初の委託者の許諾を得た場合に限り，その事務をさらに再委託する
ことができるとする。

　さらに，再委託した場合，委託者には受託者のみならず再委託先に対し
受託者が監視監督を行っているかの監督義務が生じる点はとくに注意を要
する（間接的な監督義務）。

第15条（廃棄）

1　甲は，乙の役職員の個人番号が記載された書類等については，保存期
間経過後1年以内に廃棄する旨の手続を定めるものとする。
2　甲は，乙の役職員の特定個人情報を取り扱う情報システムにおいて，
保存期間経過後1年以内に個人番号を削除する情報システムを構築する
ものとする。

3　甲は，乙の役職員の特定個人情報が記載された書類等を廃棄する場合，焼却又は溶解等の復元できない手段を採用するものとする。

4　甲は，乙の役職員の特定個人情報が記録された機器及び電子媒体等を廃棄する場合，専用のデータ削除ソフトウェアの利用又は物理的な破壊等の復元できない手段を採用するものとする。

5　甲は，乙の役職員に関する特定個人情報ファイル中の個人番号又は一部の特定個人情報等を削除する場合，容易に復元できない手段を採用するものとする。

6　甲は，乙の役職員の個人番号若しくは特定個人情報ファイルを削除した場合，又は電子媒体等を廃棄した場合には，削除又は廃棄した記録を保存するものとすると共に，乙に対して削除又は廃棄したことに関する証明書を交付するものとする。

コメント

　　本条は，マイナンバー情報を含む情報の廃棄を定める規定である。「特定個人情報の適正な取扱いに関するガイドライン（事業者編）」の安全管理措置のうち⑤物理的安全管理措置等に関するものである。廃棄方法等については⑥データ消去・廃棄委託契約の第5条も参照。

　　利用が終了したマイナンバーについて，不確定な利用再開時に備えて，マイナンバーを保管し続けることはできず，速やかに廃棄または削除することが求められる（個人情報保護法23条参照）。

　　マイナンバーを削除した場合は，削除した記録を保存する。なお，その削除の記録の内容としては，特定個人情報ファイルの種類・名称，責任者・取扱部署，削除・廃棄状況などを記録し，マイナンバー自体は記録内容に含めない。

　　この作業を委託する場合，委託者は，委託先が確実に削除または廃棄したことについて，証明書等により確認するべきである。

第16条（返却・廃棄）

　　甲は，本契約が終了した場合は，直ちに，乙の役職員の特定個人情報を乙に返却するものとする。ただし，乙の指示があるときは，その指示に従い返却・廃棄又はその他の処分をするものとする。

コメント

　　本条は，契約終了後のマイナンバーの返却・廃棄について定める規定である。目的外使用の禁止条項と相まって，必要なくなった情報は直ちに返却・廃棄されなくては情報流出の原因となる。

第17条（漏えい等の対応）

1　甲は，特定個人情報を漏えい，滅失，毀損（以下「漏えい等」という。）することがないよう必要な措置を講ずるものとし，甲の支配が可能な範囲において特定個人情報の漏えい等に関し責任を負う。

2　甲及びその役員・従業員が，本契約に違反して，特定個人情報を本契約に定める目的外に利用した場合又は第三者に提供・開示・漏えい等した場合には，甲は直ちに乙に報告しなければならない。この場合，甲は，速やかに必要な調査を行うとともに，再発防止策を策定するものとし，乙に対し調査結果及び再発防止策の内容を報告する。

3　特定個人情報の漏えい等に関し，乙の役職員を含む第三者から，訴訟上又は訴訟外において，乙に対する損害賠償請求等の申立てがされた場合，甲は，当該申立ての調査解決等につき乙に合理的な範囲で協力するものとする。

4　特定個人情報の漏えい等に関し，乙の役職員を含む第三者から，訴訟上又は訴訟外において，甲に対する苦情又は損害賠償請求等の申立てがされた場合，甲は，苦情又は申立てを受け，苦情又は申立てがされたことを認識した日から3営業日以内に乙に対し，苦情又は申立の事実及び内容を書面で通知するものとする。

5　本条の定めは，本契約終了後も有効とする。

　本条は，情報漏えいが生じた場合の責任・報告等を定める規定である。第１部でも言及したように，情報漏えいが起きた場合，企業価値に与えるダメージは大きい。事前に予防策を講じるのは当然だが，生じた後に損害を最小限に食い止める行動や責任を定めておくことも重要である。

　マイナンバーに関する管理業務を外部に委託している場合，委託者がマイナンバーの漏えいに気付くことは困難な場合がある。本条では，第三者から漏えいの指摘を受けた場合についても，委託者に連絡がいくように定めることで，委託者が漏えいを認識し，早期に対処できるようにしている。

　また，マイナンバー法上，個人番号利用事務等実施者は，特定個人情報の安全の確保に係る重大な事態が生じたときは，個人情報保護委員会に報告することとなっている（29条の４）点にも注意を要する。従来からの個人情報保護法に基づく所轄官庁への報告との関係については，個人情報保護委員会等の各種規則等を参照してほしい。

第18条（報告義務）

1　甲は，乙に対し，毎月月末最終営業日に，本業務の遵守状況，特定個人情報の安全管理体制等を書面で報告するものとする。

2　乙は，甲に対し，いつでも，書面により本業務の遵守状況等について確認することができる。

3　甲及び乙は，前項の確認の結果を踏まえ，本業務における特定個人情報の安全管理体制の改善要否を協議し，改善が必要と判断した場合は双方協力のうえ対応するものとする。

コメント

　本条は，契約に関する事項の報告を定める規定である。継続的契約においては，本条のように各種事項の変更が生じた場合に，事実の報告がなされるように定めておくことが望ましい。

　業務委託契約が委任の性格を有している場合，報告条項がなくても民法上受託者には報告義務が課される（645条）が，報告の方法等についてはとくに定められていないので，本条のように定めておく必要がある。委託者は，受託者に対する監督義務を負うため，この点についても定めておく必要がある（個人情報保護法25条，マイナンバー法11条）。

第19条 （解除）

1 乙は，甲が次の各号のいずれか一つに該当したときは，何らの通知，
催告を要することなく，直ちに本契約の全部又は一部を解除することが
できる。

 (1) 本契約に定める条項に違反し，甲に対し催告したにもかかわらず14
 日以内に当該違反が是正されないとき

 (2) 監督官庁により営業の許可取消し，停止等の処分を受けたとき

 (3) 支払停止若しくは支払不能の状態に陥ったとき，又は手形若しくは
 小切手が不渡となったとき

 (4) 第三者により差押え，仮差押え，仮処分若しくは競売の申立て，又
 は公租公課の滞納処分を受けたとき

 (5) 破産手続開始，民事再生手続開始，会社更生手続開始，特別清算手
 続開始の申立てを受け，又は自ら申立てを行ったとき

 (6) 解散，会社分割，事業譲渡又は合併の決議をしたとき

 (7) 資産又は信用状態に重大な変化が生じ，本契約に基づく債務の履行
 が困難になるおそれがあると認められるとき

 (8) その他，前各号に準じる事由が生じたとき

2 前項の規定により本契約が解除された場合，甲は期限の利益を喪失す
る。

3 第1項により本契約が解除された場合，甲は，解除により甲が被った
損害の一切を賠償する。

4 第1項により本契約が解除された場合であっても，乙は，解除により
甲が被った損害を賠償する責任を負わない。

コメント

　　本条は，契約の解除について定める規定であり，委託者（乙）による無
催告解除が可能となっている。本条と異なり，受託者（甲）にも無催告解
除を認め，双方対等の条項にすることも考えられる。

　　本条については，①製造委託基本契約の第19条のコメントを参照。

第20条（協議）

　本契約に定めのない事項又は本契約に生じた疑義について，甲及び乙
は，誠実に協議して解決を図る。

コメント

　本条は，いわゆる協議条項で，一般に特別の法的効果はないと考えられ
ているが，実務上は規定されることが少なくない。

第21条（合意管轄）

　本契約に関して甲乙間に生じる一切の紛争については，○○地方裁判
所を第一審の専属的合意管轄裁判所とする。

コメント

　本条は，管轄裁判所を定める規定である。本条のような合意がない場合
は，一般的に被告の所在地（民事訴訟法4条），不法行為地（同法5条9号）
のほか，金銭的な訴えであれば，義務履行地（同条1号）が管轄裁判所と
なる。

　とくにマイナンバーの委託管理業務では，管理業務はネットワーク上で
行う企業も多いため，双方とも離れた地に事業所を有している場合がある。
そのため，管轄裁判所についての定めを置いておくことが望ましい。

$\boxed{\text{K}}\ \boxed{\text{E}}\ \boxed{\text{Y}}\ \boxed{\text{W}}\ \boxed{\text{O}}\ \boxed{\text{R}}\ \boxed{\text{D}}$ ─────────────────

EU一般データ保護規則（GDPR）

　いまやデータはインターネットを介し国境を越えてやり取りされる。し
かし，法律は国・地域ごとにばらばらであり，国境を越えた取引の際には
注意を要する。EUでは2018年5月から新しい個人情報保護の法的枠組みで
あるEU一般データ保護規則（GDPR）が施行になった。日本法にはないデー
タポータビリティ権などの概念や要件が多い。

　TPP交渉でも議論がなされているように，データをクロスボーダーで扱
う場合はとくに日本法以外へも目を向けなくてはならない。

特定個人情報の適正な取扱いに関するガイドライン（事業者編）

（別添）特定個人情報に関する安全管理措置（抜粋）

① 〔省略〕

② **講ずべき安全管理措置の内容**
　〔中略〕

A　基本方針の策定

　特定個人情報等の適正な取扱いの確保について組織として取り組むために，基本方針を策定することが重要である。

≪手法の例示≫

* ＊　基本方針に定める項目としては，次に掲げるものが挙げられる。
  * 事業者の名称
  * 関係法令・ガイドライン等の遵守
  * 安全管理措置に関する事項
  * 質問及び苦情処理の窓口 等

B　取扱規程等の策定

　①A～Cで明確化した事務において事務の流れを整理し，<u>特定個人情報等の具体的な取扱いを定める取扱規程等を策定しなければならない</u>。

≪手法の例示≫

* ＊　取扱規程等は，次に掲げる管理段階ごとに，取扱方法，責任者・事務取扱担当者及びその任務等について定めることが考えられる。具体的に定める事項については，C～Fに記述する安全管理措置を織り込むことが重要である。
  * ① 取得段階
  * ② 利用段階
  * ③ 保存段階
  * ④ 提供段階
  * ⑤ 削除・廃棄段階
* ＊　源泉徴収票等を作成する事務の場合，例えば，次のような事務フローに即して，手続を明確にしておくことが重要である。
  * ① 従業員等から提出された書類等を取りまとめる方法
  * ② 取りまとめた書類等の源泉徴収票等の作成部署への移動方法
  * ③ 情報システムへの個人番号を含むデータ入力方法
  * ④ 源泉徴収票等の作成方法
  * ⑤ 源泉徴収票等の行政機関等への提出方法
  * ⑥ 源泉徴収票等の控え，従業員等から提出された書類及び情報システムで取り扱うファイル等の保存方法
  * ⑦ 法定保存期間を経過した源泉徴収票等の控え等の廃棄・削除方法 等

【中小規模事業者における対応方法】

○特定個人情報等の取扱い等を明確化する。

○事務取扱担当者が変更となった場合，確実な引継ぎを行い，責任ある立場の者が確認する。

C　組織的安全管理措置

　事業者は，特定個人情報等の適正な取扱いのために，次に掲げる<u>組織的安全管理措置</u><u>を講じなければならない。</u>

a　組織体制の整備

　安全管理措置を講ずるための組織体制を整備する。

≪手法の例示≫

* ＊　組織体制として整備する項目は，次に掲げるものが挙げられる。
  * 事務における責任者の設置及び責任の明確化
  * 事務取扱担当者の明確化及びその役割の明確化
  * 事務取扱担当者が取り扱う特定個人情報等の範囲の明確化
  * 事務取扱担当者が取扱規程等に違反している事実又は兆候を把握した場合の責任者への報告連絡体制
  * 情報漏えい等事案の発生又は兆候を把握した場合の従業者から責任者等への報告連絡体制
  * 特定個人情報等を複数の部署で取り扱う場合の各部署の任務分担及び責任の明確化

【中小規模事業者における対応方法】

　○事務取扱担当者が複数いる場合，責任者と事務取扱担当者を区分することが望ましい。

b　取扱規程等に基づく運用

　取扱規程等に基づく運用を行うとともに，その状況を確認するため，特定個人情報等の利用状況等を記録する。

≪手法の例示≫

* ＊　記録する項目としては，次に掲げるものが挙げられる。
  * 特定個人情報ファイルの利用・出力状況の記録
  * 書類・媒体等の持ち運びの記録→「持ち運び」については，②Ｅｃ参照
  * 特定個人情報ファイルの削除・廃棄記録
  * 削除・廃棄を委託した場合，これを証明する記録等
  * 特定個人情報ファイルを情報システムで取り扱う場合，事務取扱担当者の情報システムの利用状況（ログイン実績，アクセスログ等）の記録

【中小規模事業者における対応方法】

　○特定個人情報等の取扱状況の分かる記録を保存する。

c　取扱状況を確認する手段の整備

　特定個人情報ファイルの取扱状況を確認するための手段を整備する。

　なお，取扱状況を確認するための記録等には，特定個人情報等は記載しない。

〈手法の例示〉

* ＊　取扱状況を確認するための記録等としては，次に掲げるものが挙げられる。
  * 特定個人情報ファイルの種類，名称
  * 責任者，取扱部署
  * 利用目的
  * 削除・廃棄状況
  * アクセス権を有する者

【中小規模事業者における対応方法】

　○特定個人情報等の取扱状況の分かる記録を保存する。

d　情報漏えい等事案に対応する体制の整備

　　情報漏えい等の事案の発生又は兆候を把握した場合に，適切かつ迅速に対応するための体制を整備する。

　　情報漏えい等の事案が発生した場合，二次被害の防止，類似事案の発生防止等の観点から，事案に応じて，事実関係及び再発防止策等を早急に公表することが重要である。

≪手法の例示≫
* 情報漏えい等の事案の発生時に，次のような対応を行うことを念頭に，体制を整備することが考えられる。
  • 事実関係の調査及び原因の究明
  • 影響を受ける可能性のある本人への連絡
  • 委員会又は事業所管大臣等への報告
  • 再発防止策の検討及び決定
  • 事実関係及び再発防止策等の公表

【中小規模事業者における対応方法】
　○情報漏えい等の事案の発生等に備え，従業者から責任ある立場の者に対する報告連絡体制等をあらかじめ確認しておく。

e　取扱状況の把握及び安全管理措置の見直し

　　特定個人情報等の取扱状況を把握し，安全管理措置の評価，見直し及び改善に取り組む。

≪手法の例示≫
* 特定個人情報等の取扱状況について，定期的に自ら行う点検又は他部署等による監査を実施することが考えられる。
* 外部の主体による他の監査活動と合わせて，監査を実施することも考えられる。

【中小規模事業者における対応方法】
　○責任ある立場の者が，特定個人情報等の取扱状況について，定期的に点検を行う。

D　人的安全管理措置

　　事業者は，特定個人情報等の適正な取扱いのために，次に掲げる<u>人的安全管理措置を講じなければならない</u>。

a　事務取扱担当者の監督

　　事業者は，特定個人情報等が取扱規程等に基づき適正に取り扱われるよう，事務取扱担当者に対して必要かつ適切な監督を行う。

b　事務取扱担当者の教育

　　事業者は，事務取扱担当者に，特定個人情報等の適正な取扱いを周知徹底するとともに適切な教育を行う。

≪手法の例示≫
* 特定個人情報等の取扱いに関する留意事項等について，従業者に定期的な研修等を行うことが考えられる。
* 特定個人情報等についての秘密保持に関する事項を就業規則等に盛り込むことが考えられる。

E　物理的安全管理措置

　　事業者は，特定個人情報等の適正な取扱いのために，次に掲げる<u>物理的安全管理措置を講じなければならない</u>。

a　特定個人情報等を取り扱う区域の管理

特定個人情報ファイルを取り扱う情報システム（サーバ等）を管理する区域（以下「管理区域」という。）を明確にし，物理的な安全管理措置を講ずる。
　また，特定個人情報等を取り扱う事務を実施する区域（以下「取扱区域」という。）について，事務取扱担当者等以外の者が特定個人情報等を容易に閲覧等できないよう留意する必要がある。
≪手法の例示≫
* 　管理区域に関する物理的安全管理措置としては，入退室管理及び管理区域へ持ち込む機器等の制限等が考えられる。
* 　入退室管理方法としては，ICカード，ナンバーキー等による入退室管理システムの設置等が考えられる。
* 　取扱区域に関しては，壁又は間仕切り等の設置，座席配置の工夫，のぞき込みを防止する措置等を講ずることが考えられる。

b　機器及び電子媒体等の盗難等の防止
　管理区域及び取扱区域における特定個人情報等を取り扱う機器，電子媒体及び書類等の盗難又は紛失等を防止するために，物理的な安全管理措置を講ずる。
≪手法の例示≫
* 　特定個人情報等を取り扱う機器，電子媒体又は書類等を，施錠できるキャビネット・書庫等に保管することが考えられる。
* 　特定個人情報ファイルを取り扱う情報システムが機器のみで運用されている場合は，セキュリティワイヤー等により固定すること等が考えられる。

c　電子媒体等の取扱いにおける漏えい等の防止
　特定個人情報等が記録された電子媒体又は書類等を持ち運ぶ場合，容易に個人番号が判明しないよう，安全な方策を講ずる。
　「持ち運ぶ」とは，特定個人情報等を管理区域又は取扱区域から外へ移動させること又は当該区域の外から当該区域へ移動させることをいい，事業所内での移動等であっても，特定個人情報等の紛失・盗難等に留意する必要がある。
≪手法の例示≫
* 　特定個人情報等が記録された電子媒体を安全に持ち運ぶ方法としては，持ち運ぶデータの暗号化，パスワードによる保護，施錠できる搬送容器の使用，追跡可能な移送手段の利用等が考えられる。ただし，行政機関等に法定調書等をデータで提出するに当たっては，行政機関等が指定する提出方法に従う。
* 　特定個人情報等が記載された書類等を安全に持ち運ぶ方法としては，封緘，目隠しシールの貼付，追跡可能な移送手段の利用等が考えられる。

【中小規模事業者における対応方法】
　○特定個人情報等が記録された電子媒体又は書類等を持ち運ぶ場合，パスワードの設定，封筒に封入し鞄に入れて搬送する等，紛失・盗難等を防ぐための安全な方策を講ずる。

d　個人番号の削除，機器及び電子媒体等の廃棄
　個人番号関係事務又は個人番号利用事務を行う必要がなくなった場合で，所管法令等において定められている保存期間等を経過した場合には，個人番号をできるだけ速やかに復元不可能な手段で削除又は廃棄する。
　→ガイドライン第4－3－(3)B参照
　個人番号若しくは特定個人情報ファイルを削除した場合，又は電子媒体等を廃棄した場合には，削除又は廃棄した記録を保存する。また，これらの作業を委託する場合には，

委託先が確実に削除又は廃棄したことについて，証明書等により確認する。

≪手法の例示≫

* 特定個人情報等が記載された書類等を廃棄する場合，焼却又は溶解，復元不可能な程度に細断可能なシュレッダーの利用，個人番号部分を復元不可能な程度にマスキングすること等の復元不可能な手段を採用することが考えられる。
* 特定個人情報等が記録された機器及び電子媒体等を廃棄する場合，専用のデータ削除ソフトウェアの利用又は物理的な破壊等により，復元不可能な手段を採用することが考えられる。
* 特定個人情報等を取り扱う情報システム又は機器等において，特定個人情報ファイル中の個人番号又は一部の特定個人情報等を削除する場合，容易に復元できない手段を採用することが考えられる。
* 特定個人情報等を取り扱う情報システムにおいては，保存期間経過後における個人番号の削除を前提とした情報システムを構築することが考えられる。
* 個人番号が記載された書類等については，保存期間経過後における廃棄を前提とした手続を定めることが考えられる。

【中小規模事業者における対応方法】

○特定個人情報等を削除・廃棄したことを，責任ある立場の者が確認する。

F 技術的安全管理措置

事業者は，特定個人情報等の適正な取扱いのために，次に掲げる技術的安全管理措置を講じなければならない。

a アクセス制御

情報システムを使用して個人番号関係事務又は個人番号利用事務を行う場合，事務取扱担当者及び当該事務で取り扱う特定個人情報ファイルの範囲を限定するために，適切なアクセス制御を行う。

≪手法の例示≫

* アクセス制御を行う方法としては，次に掲げるものが挙げられる。
  • 特定個人情報ファイルを取り扱うことのできる情報システム端末等を限定する。
  • 各情報システムにおいて，アクセスすることのできる特定個人情報ファイルを限定する。
  • ユーザーIDに付与するアクセス権により，特定個人情報ファイルを取り扱う情報システムを使用できる者を事務取扱担当者に限定する。

【中小規模事業者における対応方法】

○特定個人情報等を取り扱う機器を特定し，その機器を取り扱う事務取扱担当者を限定することが望ましい。
○機器に標準装備されているユーザー制御機能（ユーザーアカウント制御）により，情報システムを取り扱う事務取扱担当者を限定することが望ましい。

b アクセス者の識別と認証

特定個人情報等を取り扱う情報システムは，事務取扱担当者が正当なアクセス権を有する者であることを，識別した結果に基づき認証する。

≪手法の例示≫

* 事務取扱担当者の識別方法としては，ユーザーID，パスワード，磁気・ICカード等が考えられる。

【中小規模事業者における対応方法】

○特定個人情報等を取り扱う機器を特定し，その機器を取り扱う事務取扱担当者を限定することが望ましい。

○機器に標準装備されているユーザー制御機能（ユーザーアカウント制御）により，情報システムを取り扱う事務取扱担当者を限定することが望ましい。

c　外部からの不正アクセス等の防止

情報システムを外部からの不正アクセス又は不正ソフトウェアから保護する仕組みを導入し，適切に運用する。

≪手法の例示≫

* 　情報システムと外部ネットワークとの接続箇所に，ファイアウォール等を設置し，不正アクセスを遮断することが考えられる。

* 　情報システム及び機器にセキュリティ対策ソフトウェア等（ウイルス対策ソフトウェア等）を導入し，不正ソフトウェアの有無を確認することが考えられる。

* 　導入したセキュリティ対策ソフトウェア等により，入出力データにおける不正ソフトウェアの有無を確認することが考えられる。

* 　機器やソフトウェア等に標準装備されている自動更新機能等の活用により，ソフトウェア等を最新状態とすることが考えられる。

* 　ログ等の分析を定期的に行い，不正アクセス等を検知することが考えられる。

d　情報漏えい等の防止

特定個人情報等をインターネット等により外部に送信する場合，通信経路における情報漏えい等を防止するための措置を講ずる。

≪手法の例示≫

* 　通信経路における情報漏えい等の防止策としては，通信経路の暗号化等が考えられる。

* 　情報システム内に保存されている特定個人情報等の情報漏えい等の防止策としては，データの暗号化又はパスワードによる保護等が考えられる。

K E Y W O R D ─────────────────

クラウド

　経済産業省の資料によれば，クラウドとは「『ネットワークを通じて，情報処理サービスを，必要に応じて提供／利用する』形の情報処理の仕組み（アーキテクチャ）」とされている。

　GmailやDropboxなどが普及しているが，現在は企業ごとにカスタマイズされた基幹システムとしてクラウドが構築される場合が増えてきており，多様化している。

　クラウドサービス提供契約についてはトラブルも多くなっている（36頁参照）。

5 匿名加工情報分析業務委託契約

　本契約例は，不特定多数人の買物情報を有するクレジットカード会社が，自社のマーケティングや商品開発などに消費者の買物情報を利用するために，自社が有する不特定多数人の買物情報の分析を，情報分析およびマーケティングを業として行うコンサルティング会社に業務委託することを内容とする契約を想定している。

　「匿名加工情報」とは，2015年改正個人情報保護法で規定されたものである。特定の個人を識別することができないように加工された情報で，一定の条件の下で，ビッグデータをはじめとするパーソナルデータの自由な利活用を認めることにより，新産業・新サービスが創出できる環境を整えるために規定された。

　個人情報保護法は，本人の同意を得ない第三者への個人データの提供を原則として禁止しており（27条1項），個人データの取引は難しい。利用目的の範囲外における個人データの取扱いについての業務委託についても同様である。そのため，データの取引については匿名加工情報により行われることが想定される。

　また，これまでは，同一の企業グループ内であっても別法人である場合，「個人情報」の提供には一定の制限があり，たとえばある鉄道会社が子会社あるいはグループ会社のデパート運営会社に対し，鉄道事業で得た個人情報を，デパート運営会社のマーケティング等のために提供しようとしても，必ずしも容易に提供できる環境にはなかった。

　2015年改正個人情報保護法の施行以降は，鉄道会社が鉄道事業で得た個人情報を，匿名加工情報に加工することにより，同一企業グループ内のデパート運営会社に対し，容易に提供することが可能となる。

　なお，2020年改正個人情報保護法において，「仮名加工情報」が創

設された。仮名加工情報とは，他の情報と照合しない限り個人を識別することができないように個人情報を加工して得られる個人に関する情報をいう。

「仮名化」された個人情報は，一定の安全性を確保しつつ，データとしての有用性を，加工前の個人情報と同程度に保つことにより，匿名加工情報よりも詳細な分析を比較的簡便な加工方法で実施し得るものであり，それを利活用しようとするニーズが高まっている（佐脇紀代志編著『一問一答 令和2年改正個人情報保護法』（商事法務，2020）11頁）。そのため，今後は，仮名加工情報分析業務の業務委託が増えてくることが予想される。

仮名加工情報の取扱いの全部または一部の委託を受けた場合等に伴い当該仮名加工情報の提供を受けた事業者にとって，当該仮名加工情報が他の情報と容易に照合することで，特定の個人を識別できない場合は，「個人情報」に該当しない（前掲『一問一答 令和2年改正個人情報保護法』15頁）。

この場合，次頁以下に掲載する本契約例の条項をベースにしつつ，次の点に留意する必要がある。

・当然のことではあるが，定義条項において，「仮名加工情報」を定義する必要がある。個人情報保護法（2条5項）の定義をベースにするとよい。

・仮名加工情報取扱事業者は，安全管理措置（42条3項，23条），従業者の監督（42条3項，24条），委託先の監督（42条3項，25条），個人情報取扱事業者による苦情の処理（42条3項，35条），照合禁止（42条3項，41条7項），電話・郵便・送信・訪問目的での連絡先等の利用禁止（42条3項，41条8項）の義務を負う。これらの義務について，条項を設けておく必要がある。

匿名加工情報分析業務委託契約書

　●●●●株式会社（以下「甲」という。）及び株式会社××××（以下「乙」という。）とは，甲から乙への匿名加工購買情報の提供に関し，以下のとおり契約（以下「本契約」という。）を締結する。

第1条（定義）

　本契約において使用される用語の定義は，次の各号に定めるところによるものとする。

(1) 「匿名加工購買情報」とは，甲が保有する購買情報のうち，個人情報の保護に関する法律（平成15年法律第57号）第2条第6項の定める措置を講じて特定の個人を識別することができないように個人情報を加工して得られる個人に関する情報であって，当該個人情報を復元して特定の個人を再識別することができないようにしたもので，別紙〔省略〕に詳細を定めるものをいう。

(2) 「本目的」とは，乙が，甲から提供された匿名加工購買情報を消費者動向の把握のために分析し，その結果を甲に報告することをいう。

> **コメント**
>
> 　本条は，本契約例で用いる用語の定義を定める規定である。
>
> 　第1号は，本契約の対象となる匿名加工購買情報の定義である。個人情報保護法は，匿名加工情報を作成してそれを第三者に提供するときは，当該第三者に対し，当該提供に係る情報が匿名加工情報である旨を明示しなければならない（43条4項）としている点にも注意が必要である。
>
> 　第2号は，乙が匿名加工購買情報を利用する目的の定義である。本契約例では，乙が匿名加工購買情報を本目的外で使用することを禁止しており，その目的の範囲を確定する意味を持つ。

第2条 （業務委託）

1　甲は，乙に対し，甲が提供する匿名加工購買情報を消費者動向の把握のために分析し，その結果を甲に報告する業務（以下，「本業務」という。）を委託し，乙はこれを受諾する。

2　乙は，本業務を，善良な管理者の注意をもって遂行する。

3　乙は，甲の書面による事前の同意のない限り，匿名加工購買情報を第三者に開示，提供，漏えいし，また本業務の目的外に利用してはならない。ただし，乙の完全子会社に対しては甲の書面による事前の同意なく，匿名加工購買情報を開示することができる。本契約の他のいかなる定めにかかわらず，本条は，本契約終了後も存続するものとする。

4　乙は，匿名加工購買情報を秘密に保持するため，匿名加工購買情報を他の情報と明確に区別して保管しなければならず，所轄官庁のガイドラインに従うとともに，その他秘密保持のために適切かつ合理的な措置を講じ，善良な管理者の注意をもって取り扱うものとし，不正アクセス，不正利用等の防止に努めるものとする。

コメント

　　本条は，匿名加工購買情報の分析の業務委託について定める規定である。

　　第1項は，本契約による委託の核になる部分である。どのような内容の業務を委託するのかを明記する必要がある。

　　第2項は，乙が善管注意義務を負うことを定めているが，民法上，委任契約において受託者は，委任の本旨に従い，善良な管理者の注意をもって委任事務を処理する義務を負うとされており（644条），本項はこれを注意的に規定したものである。なお，第4項は，匿名加工購買情報の管理について定めたものであるが，これは第2項の善管注意義務の一内容としての側面も持つ。

　　第3項以下では，匿名加工購買情報の開示や管理について定めている。開示については，匿名加工購買情報の利用形態により適切に定める必要がある。

　　第4項では，「所轄官庁のガイドラインに従う」と記載しているが，これは，所轄官庁ごとに個人情報の取扱いに関するガイドラインが策定され

ており，乙の業務などによりどのガイドラインに従うべきかが変わりうるためである。特定できる場合，とくに受託者（乙）からすると，どのガイドラインに従うべきかを明記するのがよい。ただし，具体的なガイドライン名を明記した場合，新たに受託者である乙に適用されうるガイドラインが策定された際などに，当該ガイドラインの適用がある旨の契約変更の覚書を別途結ぶ必要が生じることに注意が必要である。

第3条（匿名加工購買情報の提供）

　　甲は，乙に対し，令和○年○○月○○日までに，次の提供方法及びデータ形式により，匿名加工購買情報を提供する。

(1) 提供方法

　　電子メール添付

(2) データ形式

　　Excelファイル

　コメント

　　本条は，匿名加工購買情報の提供方法を定める規定である。

　　データ形式は，利用する側としては重要な項目であるので，当事者間で話し合い適切に定める必要がある。

第4条（結果の報告）

　　乙は，令和○年○○月○○日までに，匿名加工購買情報の分析結果を甲に報告する。

　コメント

　　本条は，受託者による分析結果の報告を定める規定である。

　　本契約例は，単発の分析業務委託契約であるが，一定期間継続して分析業務を委託する場合には，毎月末に分析結果を報告することなども考えられる。

第5条（表明保証）

甲は，乙に対し，次の各号に定める事項につき，表明し保証する。

(1) 匿名加工購買情報が，第三者の知的財産権，その他一切の権利を侵害するものでないこと

(2) 匿名加工購買情報が，個人情報保護委員会規則で定める基準に従い作成されたこと

(3) 匿名加工購買情報にウィルスなどが混入しておらず，安全であること

(4) 匿名加工購買情報が，正確な内容であること

(5) 個人情報保護法に定められた匿名加工取扱事業者の義務を遵守していること

コメント

本条は，いわゆる表明保証条項である。

表明保証条項は，ある時点における事実を表明し，保証するものであり，その効果についてはさまざまな議論がなされているところである。効果について疑義を避けるため，本契約例では第18条にその違反の効果を定めている。

第6条（適法性の維持等）

1 甲は，本契約が終了した場合又は解除された場合若しくは第11条第2項に定める場合を除き，本契約期間中，乙が匿名加工購買情報を適法に利用できるよう維持しなければならない。

2 甲は，本契約締結後に，前条各号に定める事項に反することとなった場合，速やかに前条各号に定める事項に適合するよう対応しなければならない。

コメント

本条は，匿名加工情報の適法性および契約締結後における表明保証条項に定める事項についての遵守について定める規定である。

第7条 (対応責任)

1　甲は，乙による本契約の履行に関連して生じた，第三者によるクレームや請求について，甲の費用と責任で解決するものとする。また，当該クレームや請求への対応に関連して乙に費用が発生した場合又は乙が賠償金等の支払を行った場合，甲は，当該費用及び賠償金等を負担するものとする。

2　前項の定めにかかわらず，乙は，乙による本契約に違反する態様での匿名加工購買情報の利用に起因又は関連して生じた，第三者によるクレームや請求について，乙の費用と責任で解決するものとする。また，当該クレームや請求に関連して甲に費用が発生した場合又は甲が賠償金等の支払を行った場合，乙は，当該費用及び賠償金等を負担するものとする。

コメント

　　本条は，匿名加工購買情報に対する第三者からの請求等に対する甲の対応責任等について定める規定である。

　　第1項では，原則として甲が責任を負うことを定め，第2項では，乙に原因がある場合には乙が責任を負うことを定めている。

第8条 (使用状況の報告等)

1　甲は，乙に対し，乙による匿名加工購買情報の使用が本契約の条件に適合しているか否か検証するために必要な使用状況の報告を求めることができるものとする。

2　甲は，合理的な基準により，前項に基づく報告が匿名加工購買情報の使用状況を検証するのに十分ではないと判断した場合，14営業日前に書面による事前通知をすることを条件に，乙の営業所において，乙による匿名加工購買情報の使用状況の監査を実施することができるものとする。この場合，甲は，乙の情報セキュリティーに関する規程その他の乙が別途定める社内規程を遵守するものとする。

3　前項による監査の結果，乙が本契約に違反して匿名加工購買情報を使用又は利用していたことが発覚した場合，乙は，甲に対し，監査に要した費用及びデータ利用に係る対価その他甲に生じた損害（逸失利益を含む。）を支払うものとする。

コメント

　　本条は，受託者による匿名加工購買情報の使用状況についての報告や監査，違反の場合の措置について定める規定である。

　　第3項に定める委託者による監査は，委託者の会社の規模次第では実施ができない場合もあるため，第1項の報告のみを定めることも考えられる。

第9条（管理状況の報告等）

1　甲は，匿名加工購買情報の管理状況について，乙に対していつでも書面による報告を求めることができる。この場合において，匿名加工購買情報の漏えい等のおそれがあると甲が判断した場合，甲は，乙に対して匿名加工購買情報の管理方法の是正を求めることができる。

2　前項の是正の要求がなされた場合，乙は，速やかにこれに応じなければならない。

コメント

　　本条は，匿名加工購買情報の管理状況について定める規定である。

　　匿名加工購買情報を受け取る乙は，個人情報保護法上，匿名加工情報取扱事業者（16条6項）に該当するため，安全管理措置等を講じる義務（努力義務）がある（46条）。管理状況の報告は，このような安全管理措置の観点からなされなければならない。

第10条 （損害賠償軽減義務）

1　乙は，匿名加工購買情報の漏えい等を発見した場合，直ちに甲にその旨を通知しなければならない。

2　乙の故意又は過失により，匿名加工購買情報の漏えい等が生じた場合，乙は，甲の損害を最小限にとどめるために必要な措置を自己の費用と責任で講じなければならない。

コメント

　　本条は，匿名加工購買情報が漏えいした場合の受託者の義務を定める規定である。

　　ここでは，「甲の損害を最小限にとどめるために必要な措置」について具体的に定めてはいないが，流出原因の特定やメディアへの対応のほか匿名購買加工情報の利用の中止が必要となる場合もありえよう。これら具体的な措置について条項に定めてもよい。

第11条 （匿名加工購買情報の廃棄）

1　本契約が終了した場合又は解除された場合，乙は，速やかに匿名加工購買情報を廃棄又は消去しなければならない。ただし，乙が匿名加工購買情報を分析し得た結果及び当該結果から分離することができない匿名加工購買情報は，この限りではない。

2　前項の規定にかかわらず，乙は，甲から請求があったときは，直ちに匿名加工購買情報を廃棄又は消去しなければならない。ただし，乙が匿名加工購買情報を分析し得た結果及び当該結果から分離することができない匿名加工購買情報は，この限りではない。

3　前項の請求により乙に損害が発生した場合，甲は，その損害（逸失利益を含む。）を賠償しなければならない。

コメント

　　本条は，匿名加工購買情報の廃棄について定める規定である。

　　第1項は，本契約例の終了または解除の場合の廃棄について定めている。ただし書では，その例外を定めており，ここでは，分析結果および分析結

果から分離できない匿名加工購買情報を除くこととしているが，分析結果から分離できない匿名加工情報などについては，削除しなければならないとすることも考えられる。

第2項は，甲による一方的な匿名加工購買情報の廃棄請求の定めである。これを認める代わりに，第3項において甲による損害賠償義務を定めている。

第12条（委託料）

1　甲は，本業務委託の対価として，乙に対し，金○○○○円を支払うものとする。

2　甲は，前項に定める金額に消費税及び地方消費税相当額を加算した金額を，第4条の分析結果の報告月の翌月末日までに，乙が別途指定する銀行口座へ振り込み支払うものとする。なお，振込手数料は甲の負担とする。

コメント

本条は，業務委託の対価の額およびその支払方法について定める規定である。

第13条（知的財産権の帰属）

1　匿名加工購買情報に関する甲の知的財産権は，乙へ移転しないものとする。

2　乙が匿名加工購買情報を分析し得た結果についての知的財産権は，乙に帰属する。ただし，乙が匿名加工購買情報を分析し得た結果に匿名加工購買情報が含まれる場合，匿名加工購買情報に関する知的財産権は，なお甲に帰属する。

コメント

本条は，匿名加工購買情報に関する知的財産権について定める規定である。

匿名加工購買情報自体に著作権が発生することは考えにくいが，情報の並べ替え方などによっては匿名加工購買情報全体で編集著作物となる場合

も考えられる。そのため，第1項では匿名加工購買情報の著作権が甲にあることを確認している。

第2項は，分析結果についての著作権の帰属について定めている。受託者である乙が分析結果を利用することはあまりないと考えられるので，分析結果についての著作権もすべて甲に帰属するとしてもよいであろう。

第14条 （残存条項）

本契約終了後も，第7条（対応責任），本条，次条（譲渡禁止），第16条（秘密保持義務），第21条（協議）及び第22条（合意管轄）は有効に存続する。

コメント

本条は，本契約終了後も当事者間で有効な条項を定める規定である。

第15条 （譲渡禁止）

甲又は乙は，相手方の事前の書面による同意を得ることなく，本契約上の地位を第三者に譲渡し，若しくは承継し，あるいは本契約から生じる権利義務の全部又は一部を第三者に譲渡し，若しくは承継し，又は担保に供してはならない。

コメント

本条は，契約上の権利義務の譲渡の禁止を定める規定である。

第16条 （秘密保持義務）

1　甲及び乙は，本契約を通じて知り得た，相手方が開示に当たり，書面，口頭，その他方法を問わず，秘密情報であることを表明したうえで開示した情報（以下「秘密情報」という。）を，本契約の有効期間中及び本契約終了後3年間厳に秘密として保持し，相手方の書面による事前の承諾なしに第三者に開示，提供，漏えいし，また本契約の履行以外の目的に使用してはならない。ただし，法令上の強制力を伴う開示請求が公的機関よりなされた場合は，その請求に応じる限りにおいて，開示者への速やかな通知を行うことを条件として開示することができる。

2　前項の規定にかかわらず，次の各号のいずれか一つに該当する情報は，秘密情報に当たらないものとする。
　(1)　開示の時点で既に被開示者が保有していた情報
　(2)　秘密情報によらず被開示者が独自に生成した情報
　(3)　開示の時点で公知の秘密
　(4)　開示後に被開示者の責めに帰すべき事由によらずに公知となった情報
　(5)　正当な権利を有する第三者から秘密保持義務を負うことなく開示された情報

コメント

　　本条は，両当事者の秘密保持義務について定める規定である。

第17条（解除）

1　甲は，乙が次の各号のいずれか一つに該当したときは，何らの通知，催告を要することなく，直ちに本契約の全部又は一部を解除することができる。
　(1)　本契約に定める条項に違反し，乙に対し催告したにもかかわらず14日以内に当該違反が是正されないとき
　(2)　監督官庁により営業の許可取消し，停止等の処分を受けたとき
　(3)　支払停止若しくは支払不能の状態に陥ったとき，又は手形若しくは小切手が不渡となったとき
　(4)　第三者により差押え，仮差押え，仮処分若しくは競売の申立て，又は公租公課の滞納処分を受けたとき
　(5)　破産手続開始，民事再生手続開始，会社更生手続開始，特別清算手続開始の申立てを受け，又は自ら申立てを行ったとき
　(6)　解散，会社分割，事業譲渡又は合併の決議をしたとき
　(7)　資産又は信用状態に重大な変化が生じ，本契約に基づく債務の履行が困難になるおそれがあると認められるとき
　(8)　その他，前各号に準じる事由が生じたとき

2　前項の規定により本契約が解除された場合，乙は期限の利益を喪失する。

3　第1項により本契約が解除された場合，乙は，解除により甲が被った損害の一切を賠償する。

4　第1項により本契約が解除された場合であっても，甲は，解除により乙が被った損害を賠償する責任を負わない。

コメント

　　本条は，契約の解除について定める規定であり，委託者（甲）による無催告解除が可能となっている。本条と異なり，受託者（乙）にも無催告解除を認め，双方対等の条項にすることも考えられる。

　　本条については，①製造委託基本契約の第19条のコメントを参照。

第18条（保証条項違反）

　　甲は，第5条で定める表明保証及び保証の重大な違反に起因又は関連して乙が損害，損失及び費用（逸失利益及び合理的範囲における弁護士費用も含む。以下「損害等」という。）を被った場合，かかる損害等について，乙に賠償する。

コメント

　　本条は，第5条の表明保証条項違反について定める規定である。

　　本契約例では，データ特有のリスクを表明保証条項を利用して管理しているが，実際の契約ではどのように管理すべきか，十分に見極める必要がある。

第19条（損害賠償）

　　甲又は乙は，故意又は過失による本契約の違反に起因又は関連して，相手方当事者が損害を被った場合，かかる損害について相手方当事者に賠償する。

コメント

　本条は，損害賠償について定める規定である。前条と異なり，過失責任であることが重要である。また，賠償義務の範囲などに注意する必要がある。

第20条（免責）

　前2条の定めにかかわらず，乙が甲に対して報告した匿名加工購買情報の分析の結果については，乙は，甲に対して，何ら責任を負わない。

コメント

　本条は，分析結果について，受託者（乙）が責任を負わない旨を定める規定である。業務委託契約であるため，業務委託の結果については責任を負わないとするのが一般的であろう。ただし，分析業務につき乙の善管注意義務違反があった場合には，なお乙は責任を負うものと解されよう。

第21条（協議）

　本契約に定めのない事項又は本契約に生じた疑義について，甲及び乙は，誠実に協議して解決を図る。

コメント

　本条は，いわゆる協議条項で，一般に特別の法的効果はないと考えられているが，実務上は規定されることが少なくない。

第22条（合意管轄）

　本契約に関して甲乙間に生じる一切の紛争については，○○地方裁判所を第一審の専属的合意管轄裁判所とする。

コメント

　本条は，合意により管轄裁判所を定める規定である。
　本条については，④特定個人情報（マイナンバー）管理委託契約の第21条のコメントを参照。

6 データ消去・廃棄委託契約

　本契約例は，会社において既存のサーバやパソコン端末等のIT機器を処分する際に，その内部に蓄積されたデータの消去とIT機器自体の廃棄処分を，デジタルデータの消去およびIT機器等の廃棄処分を専門とする会社に対して委託する場合を想定している。

　本来廃棄するべきものが悪用された例として，第1部ではCoCo壱番屋の廃棄かつ不正横流し事件を扱ったが（13頁以下参照），PC等のIT機器の場合，事態はより深刻になるおそれがある。

　同じく第1部で扱ったベネッセ事件（14頁以下参照）にも共通するが，顧客名簿や個人情報を不正に売買する名簿屋が暗躍している現代では，廃棄に失敗したIT機器からデータが抜き取られ不正に販売されることがありうる。そこで，データの消去・廃棄は慎重かつ適切に行わなくてはならない。

　本契約例では，受託者はまず，委託者のIT機器内のデータを消去したうえで，当該データが保存されていたIT機器を物理的に廃棄するという二段階の作業を行うこととしている。

　その理由は，単に廃棄するだけではデータが残存し，後日流出するリスクがあるためである。単にデータの消去やIT機器の廃棄だけを委託する場合には，本契約例の該当する部分のみを参考にしてほしい。

データ消去・廃棄委託契約書

　●●●●株式会社を甲とし，株式会社××××を乙として，甲乙間において以下のとおり業務委託契約（以下「本契約」という。）を締結する。

第1条（目的）

乙は，甲の所有するコンピュータシステムにおいて使用していたサーバやパソコン端末等のIT機器について，その記憶装置に格納されたデータを消去又は廃棄したうえで，当該IT機器自体の廃棄処分を行うものとする。

コメント

　本条は，契約の目的を定める規定である。なお本契約例では，甲が委託者，乙が受託者である。

第2条（定義）

　本契約において使用される用語の定義は，次の各号に定めるところによるものとする。

(1) 「IT機器」とは，サーバやパソコン端末等の，情報に触れることを可能にする情報機器をいう。

(2) 「記憶装置」とは，IT機器が処理すべき記録情報（以下「データ」という。）を一定期間格納するために用いる，一切の部品，装置，電子媒体等をいう。

(3) 「データ」とは，データファイル，プログラム，その他一切の記録情報をいう。

(4) 「データの消去」とは，記憶装置を外形上損壊することなく，記憶装置に格納されたデータを完全に削除することをいう。

(5) 「データの破壊」とは，記憶装置を外形上損壊することで，記憶装置に格納されたデータを完全に削除することをいう。

コメント

　本条は，本契約例で用いる用語の定義を定める規定である。本契約例の目的はIT機器の廃棄にあるため，契約内容を確定させるうえでしっかりと定義しておく必要がある。

　第2号に関して，「情報媒体」や「メディア」，「ハードディスク・ドライブ」といった表現を使用している契約書もあるが，これらは記憶装置の一類型であるので，本契約ではこれらを包括する「記憶装置」という広い概念を

採用している。個々の契約場面において，対象となる記憶装置が明確であれば規定することも考えられるが，その際，記載漏れには注意を要する。

　なお，パソコンのデータ消去というと，HDDやSSDのデータ消去を思い浮かべるが，これらは二次記憶装置に分類されるものであり，契約上は，一次記憶装置（レジスタ，キャッシュメモリなど）や三次記憶装置（USBやSDカードなどのリムーバブル・メディア）の存在なども念頭に置いておく必要がある。

第3条（委託の内容）

　甲が乙に委託する業務（以下「本業務」という。）の内容は次のとおりとする。

⑴　乙が運搬するIT機器は，甲の指示に基づき，乙が次条の履行場所まで運搬する。IT機器の種類，数量及び実施日は，別紙1〔省略〕の記載に従うものとする。

⑵　データの消去は，強磁界照射の方法によるものとする。ただし，記憶装置の性質上，強磁界照射の方法になじまない場合には，データの破壊によるものとする。

⑶　データの破壊は，記憶装置の破砕片の1辺が5ミリメートル以下であり，かつ，表面積が25平方ミリメートル以下に至るまで行うものとする。

⑷　前2号の方法を行うに当たって，技術的な問題が発生した場合には，乙が甲に対してその原因と解決策を説明した後，甲乙協議のうえで，別の方法を検討するものとする。作業費用が発生する場合には，乙は，事前に甲に対してその明細を説明し，甲の同意を得るものとする。

⑸　甲は，記憶装置にあるデータのバックアップ作業を自らの責任において行うものとし，乙に対して委託したIT機器内のすべてのデータが消去又は破壊されることに同意する。

コメント

　本条は，委託者が受託者に委託する業務について定める規定である。

　第1号はIT機器の搬出・運搬，第2号はデータの消去方法，第3号はデー

タの破壊方法，第4号は第2号と第3号のデータの消去・破壊方法の変更，第5号はデータ消去等について委託者が受託者に復元等を求めるのを防ぐ条項になっている。

第1号では，本契約を基本的なフォーマットとして，個々の場面で汎用可能性を持たせるため，具体的なデータ消去等の対象物や履行日を別紙に委ねている。このようにすることで，個々の契約場面で別紙を改訂するのみで具体的に対応できる。

本条でとくにポイントとなるのが，消去と破壊の内容である。本契約例では，確実なデータの破棄を目的としていることから，ソフトウェアを用いたデータ消去の方法ではなく，第2号および第3号の方法を採用している。

第4条（消去・破壊の履行場所）

　乙は，甲から引渡しを受けたIT機器を乙の事業所内において保管し，乙の事業所内又は甲が事前に指定した施設内でのみ，データの消去又は破壊を行うものとする。

コメント

　データの流出を防ぐためには，完全に廃棄されるまでのIT機器等の管理も厳格に行う必要がある。そこで，本条は，委託者が受託者に引き渡した後の管理・消去の場所について定めている。

第5条（廃棄）

　乙は，データの消去又は破壊後，IT機器及び記憶装置の廃棄処分を行うものとする。

コメント

　本条は，データ流出を防ぐため，IT機器内のデータを消去したうえで，当該データが保存されていたIT機器を物理的に廃棄するという二段階の作業を規定している。

　データの中には個人情報が含まれていることが多いが，廃棄方法等については，「特定個人情報の適正な取扱いに関するガイドライン（事業者編）」に定められている安全管理措置の記載が参考になる。

個人情報は，利用が終わったら，速やかに廃棄または削除することが求められる（個人情報保護法23条参照）。削除する際は，削除した記録を保存する。なお，その削除の記録の内容としては，特定個人情報ファイルの種類・名称，責任者・取扱部署，削除・廃棄状況などを記録し，マイナンバー自体は記録内容に含めない。この作業を委託する場合には，委託先が確実に削除または廃棄したことについて，証明書等により確認する（「特定個人情報の適正な取扱いに関するガイドライン（事業者編）」参照）こととされており，第8条に定めを置いてある。

第6条（善管注意義務）

　前3条に関する詳細は，別添の覚書のとおり定める。乙は，これらの業務を，善良な管理者の注意義務をもって行う。

コメント

　データの収集・保管・消去または破壊・廃棄という各プロセスについて，詳細な規定を設けておくことがデータ流出防止には重要である。第3条第1号と同様の観点から，契約書に細かく設定するのではなく，別途覚書の形で作成することも可能であり，本契約例はこの形式をとっている。

第7条（履行期限）

　乙は，本契約に基づき，20○○年○○月○○日までに，本業務を実施する。

コメント

　履行期限の設定は通常の契約書に多く見られるところだが，とくにデータの消去または破壊の場合には，不用意にデータが保管されていると情報流出につながることから，これを防ぐ機能を有する（個人情報保護法23条参照）。履行期を徒過した場合，受託者は債務不履行責任（民法415条）を負う可能性が生じる。

第8条（報告書の提出）

1　乙は，作業終了後，5営業日以内に，依頼内容に応じて，乙が行った作業内容を取りまとめた「データ消去作業報告書」又は「データ破壊作業報告書」を作成し，これを甲に送付する。

2　乙は，データの消去又はデータの破壊が成功した場合には，「データ消去証明書」又は「データ破壊証明書」を作成し，これを前項に規定する「データ消去作業報告書」又は「データ破壊作業報告書」と併せて甲に送付する。

コメント

　　作業報告書や証明書は，受託者がデータの消去またはデータの破壊を行ったことを証明するために必要となる。データ流出の場合のリスクの大きさについては第5条のコメントのとおりである。

　　とくに，データの消去の場合には，IT機器や記憶装置の外観に変化がないため，廃棄処分がされずにデータが流出した場合の責任の所在を明確にする観点からも，証明書等の発行に関する規定は設けておくべきである（「特定個人情報の適正な取扱いに関するガイドライン（事業者編）」参照）。

第9条（委託料）

1　本業務の対価は金〇〇〇〇円（消費税別）とし，甲は，乙に対し，これを下記口座に振り込んで支払う。なお，振込手数料は甲の負担とする。

記

〇　〇　銀　行　〇〇支店

普　通　口　座　〇〇〇〇

口　座　名　義　〇〇〇〇

2　前項の支払期限は，甲が乙から「データ消去証明書」又は「データ破壊証明書」を受領した月の翌月末日までとする。

コメント

　　本契約例は，継続しない一度きりの廃棄処分委託であるため，本条では

このように記載している。もっとも，年間契約や業務ごとの契約などが想定される場合もある。

第10条 （不可抗力による遅延等）

1　乙が，不可抗力その他乙の責めに帰することのできない事由によって本業務の履行を遅延し，又は達成することができなかった場合には，乙は，甲に対して，その遅延又は不達成の責任を負わない。

2　乙は，前項の場合，甲から委託を受けて搬出・運搬したIT機器を，直ちに，甲に返却する。返却の方法及び場所について，乙は，甲の指示に従うものとし，返却にかかる費用については，甲乙で協議のうえ，決定する。

コメント

　　本条は，不可抗力による免責を定める規定である。IT機器の返却を受けずに放っておくことは，データ流出のリスクを高めるため，第2項のように受託者の義務の履行が滞った場合や履行できない場合の返却について規定をしておく必要がある。

　　なお，2017年の民法改正によって，帰責事由＝過失を意味するのではなく，当事者の合意内容からの逸脱を帰責事由と考える理解が示されている。かかる観点からすれば，不可抗力条項を明確に定め，当事者間の合意内容としてリスク分配を明確にしておくべきである。

第11条 （再委託）

1　乙は，乙自らが果たすべき措置と同等の措置が講じられる再委託先に限定して，本業務の全部又は一部を，乙の責任において第三者に再委託することができる。その際，乙は，再委託先に関する次の情報を書面により甲に報告し，甲の事前の書面による同意を得るものとする。

⑴　住所及び名称又は商号

⑵　乙と再委託先との間の取引関係及び取引実績

⑶　再委託先の設備及び技術水準

⑷　従業員に対する監督・教育の状況

(5) その他再委託先の経営環境

(6) 暴力団等の反社会的勢力との関わり

2　乙は，再委託先との間で，本契約と同等の内容の再委託契約を締結しなければならない。再委託契約の中には，再委託先が委託業務の全部又は一部を再々委託する場合には，甲及び乙の事前の書面による同意を得るものとするとの規定を置く。

3　再委託先は，第3条に定める業務の全部又は一部の委託を受けた者とみなす。

コメント

　　再委託については，データの流出リスクを極力抑えるために，認めない場合もあるが，受託者の都合から，再委託を認めざるを得ない場合もある。

　　本条では，再委託を認める場合を想定して規定しているが，その際，委託者の知らない第三者が再委託先になることはデータ流出のリスクを高める。そこで，本条のように，再委託先の選定につき委託先の事前の書面による同意を要求する規定を置くべきである。

第12条（秘密保持義務）

1　甲及び乙は，本契約を通じて知り得た，相手方が開示に当たり，書面，口頭，その他方法を問わず，秘密情報であることを表明したうえで開示した情報（以下「秘密情報」という。）を，厳に秘密として保持し，相手方の書面による事前の承諾なしに第三者に開示，提供，漏えいし，また本契約の履行以外の目的に使用してはならない。ただし，法令上の強制力を伴う開示請求が公的機関よりなされた場合は，その請求に応じる限りにおいて，開示者への速やかな通知を行うことを条件として開示することができる。

2　前項の規定にかかわらず，次の各号のいずれか一つに該当する情報は，秘密情報に当たらないものとする。

(1) 開示の時点で既に被開示者が保有していた情報

(2) 秘密情報によらず被開示者が独自に生成した情報

(3) 開示の時点で公知の秘密

(4) 開示後に被開示者の責めに帰すべき事由によらずに公知となった情報

(5) 正当な権利を有する第三者から秘密保持義務を負うことなく開示された情報

3 本条の規定は，本契約の終了後も有効に存続するものとする。

コメント

　　本条は，データ流出を防ぐため，秘密保持義務を定めている。受託者にのみ秘密保持義務を課す場合もあるが，受託者側の企業秘密等の情報について，受託者側から秘密保持義務を委託者に課したい場合もある。そのため，本条では，双方が秘密保持義務を負うと規定している。

　　なお，受託者のみに秘密保持義務を課す場合，第1項冒頭の「甲及び乙は」を「乙は」に，「相手方」を「甲」に変えればよい。

第13条（漏えい等の対応）

1 乙は，記憶装置内のデータが漏えい，流出，紛失（以下「漏えい等」という。）することがないよう必要な措置を講ずるものとし，乙の支配が可能な範囲において漏えい等に関し責任を負う。

2 乙及びその役員・従業員が，本契約に違反して，データを第三者に漏えい等した場合には，乙は，直ちに甲に報告しなければならない。この場合，乙は，速やかに必要な調査を行うとともに，再発防止策を策定し，甲に対し調査結果及び再発防止策の内容を報告する。

3 データの漏えい等に関し，甲の役職員を含む第三者から，訴訟上又は訴訟外において，甲に対する損害賠償請求等の申立てがされた場合，乙は，当該申立ての調査解決等につき，甲に合理的な範囲で協力するものとする。

4 データの漏えい等に関し，甲の役職員を含む第三者から，訴訟上又は訴訟外において，乙に対する苦情又は損害賠償請求等の申立てがされた場合，乙は，苦情又は申立てを受け，苦情又は申立てがされたことを認

識した日から3営業日以内に，甲に対し，苦情又は申立ての事実及び内容を書面で通知するものとする。

5　本条の規定は，本契約終了後も有効とする。

コメント

　　本条は，データの漏えいが起きた場合の責任等を定める規定である。データ漏えいの可能性は当然予見されるものであるため，起こらないようにする防止措置や起こった場合の責任についての定めを置くべきである。

　　第1項は受託者の防止措置と漏えいが起きた場合の責任，第2項は受託者の報告・再発防止義務，第3項・第4項は第三者から法的責任を追及された場合等の定め，第5項は存続条項である。ベネッセ事件（14頁以下）にみられるように，近年個人情報に関する国民の意識が高まっていることから，顧客情報等のデータ漏えいが起きた場合に法的責任を追及される可能性は高い。第4項は，このような第三者からの苦情や提訴の場合に，委託者が早期に漏えいの事実を認識し，対応するために重要な規定である。

第14条（解除）

1　甲は，乙が次の各号のいずれか一つに該当したときは，何らの通知，催告を要することなく，直ちに本契約の全部又は一部を解除することができる。

(1)　本契約に定める条項に違反し，乙に対し催告したにもかかわらず14日以内に当該違反が是正されないとき

(2)　監督官庁により営業の許可取消し，停止等の処分を受けたとき

(3)　支払停止若しくは支払不能の状態に陥ったとき，又は手形若しくは小切手が不渡となったとき

(4)　第三者により差押え，仮差押え，仮処分若しくは競売の申立て，又は公租公課の滞納処分を受けたとき

(5)　破産手続開始，民事再生手続開始，会社更生手続開始，特別清算手続開始の申立てを受け，又は自ら申立てを行ったとき

(6)　解散，会社分割，事業譲渡又は合併の決議をしたとき

(7) 資産又は信用状態に重大な変化が生じ，本契約に基づく債務の履行が困難になるおそれがあると認められるとき

(8) その他，前各号に準じる事由が生じたとき

2 前項の規定により本契約が解除された場合，乙は，期限の利益を喪失する。

3 第1項により本契約が解除された場合，乙は，解除により甲が被った損害の一切を賠償する。

4 第1項により本契約が解除された場合であっても，甲は，解除により乙が被った損害を賠償する責任を負わない。

コメント

本条は，契約の解除について定めた規定であり，委託者（甲）による無催告解除が可能となっている。本条と異なり，受託者（乙）にも無催告解除を認め，双方対等の条項にすることも考えられる。

本条については，①製造委託基本契約の第19条のコメントを参照。

第15条（協議）

本契約に定めのない事項又は本契約に生じた疑義について，甲及び乙は，誠実に協議して解決を図る。

コメント

本条はいわゆる協議条項で，一般に特別の法的効果はないと考えられているが，実務上は規定されることが少なくない。

第16条（合意管轄）

本契約に関して甲乙間に生じる一切の紛争については，○○地方裁判所を第一審の専属的合意管轄裁判所とする。

コメント

本条は，管轄裁判所を定める規定である。

データ消去・廃棄委託契約の場合，データの消去や破壊あるいはIT機器

等の破壊作業は，地方の工場や処分場で行われることも多いため，管轄裁判所についての定めを置くべきである。

　委託者に有利にするには，委託者の本店所在地近くの裁判所，受託者に有利にするには受託者の本店所在地近くの裁判所を規定することになる。

覚　書

第1条　乙は，IT機器及び記憶装置の搬出運搬作業において，他の機器及び甲の業務の妨げにならないよう配慮する。

第2条　IT機器及び記憶装置の搬出運搬作業に乙が使用する車両は，盗難防止装置等を装備し，施錠管理が十分に施された専用車両とする。車両にIT機器及び記憶装置を積載後は，貨物室の施錠を行い，受託者施設への搬入まで火災等の非常時以外の開錠は行わないものとする。

第3条　乙は，IT機器及び記憶装置の搬出運搬作業に従事する者を選定し，常時2名以上を作業に当たらせるものとする。

第4条　乙は，IT機器及び記憶装置のデータの消去及びデータの破壊処理を行う処理施設に，終日稼働する監視カメラを設置し，IT機器及び記憶装置の保管状況やデータの消去及びデータの破壊作業状況等を，確認可能な状態で行うものとする。

第5条　乙は，前条の施設について，IDカード，生体認証，パスワード等により入退室管理を厳格に管理するものとする。

第6条　乙は，データの消去及びデータの破壊作業の前後において，IT機器及び記憶装置の数量の確認を行う。数量に異常を認めた場合には，甲に対して速やかに異常の内容を報告すると共に，事態の

原因究明と収拾に努める。

第7条　乙は，産業廃棄物の収集運搬及び処分に当たっては，産業廃棄物の種類・数量等を記載した産業廃棄物管理票（マニフェスト）による業務確認を行う。ただし，受託者が「廃棄物の処理及び清掃に関する法律」第15条の4の3で規定する，産業廃棄物の広域的処理に係る特例の認定を受けた者である場合は，この限りではない。

第8条　甲は，本業務のすべての過程に，乙に対する事前の通知なく，甲の職員を立ち会わせることができる。

KEYWORD ──────────────

データの再利用

　使用したデータは漏えいのリスクがあるから廃棄する。一方で，有用なデータが誰にも利用されず死蔵してしまう例もある。科学の分野では研究や論文を電子データ化し，オープンサイエンスを実現する動きが進んでいる。

　データ分析の手法が発達しつつある現在，過去の有用な情報が電子データとして日の目を見る場合もあり，廃棄すべきものとそうでないものの区別が重要である。

7 取締役会実効性評価業務委託契約

本契約例は，取締役会の実効性評価業務をコンサルティング会社に対し委託することを想定している。

なお，取締役会の実効性評価は「取締役会」が行う必要がある（コーポレートガバナンス・コード補充原則4−11③）。

そのため，会社が取締役会の実効性評価のためのアンケートだけではなく，実効性の評価も併せて委託する場合，コンサルティング会社が行った評価をそのまま取締役会の実効性評価とすることは避けるべきであり，コンサルティング会社が行った評価を基に，取締役会において取締役会の実効性評価を行う必要があることに注意を要する。

取締役会実効性評価業務委託契約書

●●●●株式会社（以下「甲」という。）と株式会社××××（以下「乙」という。）は，甲が乙に委託する取締役会の実効性評価の業務に関し，以下のとおり契約（以下「本契約」という。）を締結する。

第1条（業務委託）

甲は，乙に対し，次の内容の取締役会の実効性評価の業務（以下「本業務」という。）を委託し，乙はこれを受託する。

(1) 甲取締役に対する取締役会実効性評価に関するアンケートの作成・実施・集計

(2) 甲取締役に対する取締役会実効性評価に関するアンケートの結果の分析・報告

(3) その他(1)及び(2)に付随する一切の業務

コメント

　本契約例では，受託者（乙）はコンサルティング会社を想定している。コンサルティング会社については，委託者と取引関係がある会社を利用することも考えられる。その場合には，委託者の実情に合った取締役会の実効性評価が可能となる。

　しかし，受託者である会社が委託者と取引関係等にあるなど利益相反的関係にある場合には，取締役会の実効性評価の客観性が担保されないおそれがあり，利害関係のない第三者であるコンサルティング会社を受託者として選定することも検討する必要がある。

　イギリスにおいては，取締役会の実効性評価を外部の第三者に委託した場合，当該第三者を開示し，委託者である会社との関係について開示することが要請されている。日本では，取締役会の評価を外部に委託した場合に当該第三者を開示することや委託者である会社との関係について開示することが要求されているわけではないが，受託者であるコンサルティング会社と委託者である会社との利害関係については注意しておいたほうがよい。

　本条は，委託業務の内容について定める規定である。

　第1号はアンケートの作成・実施・集計を行うことを，第2号はアンケート結果の分析・報告を行うことを，第3号は付随する業務を行うことを定めている。

　コンサルティング会社に対してどこまで委託するかは十分に検討する必要がある。アンケートの作成を委託せず，自社で作成することとした場合には，自社に合ったアンケートを作成することが可能となる。

　たとえば，取締役会の構成に問題がありそうだということであれば，取締役会の構成に重点を置いたアンケート項目を作成することができる。コンサルティング会社にそういった内容のアンケートを作成するよう委託してもよいが，自社で作成するほうがより柔軟でかつ的確なアンケートを作成することができる。

　また，本条に定める委託業務の内容のほか，各取締役に対するヒアリングを行うことを委託することも考えられる。コーポレートガバナンス報告書における開示を見ると，各取締役に対するヒアリングを行ったと記載している例が少なからずあり，取締役会評価の手法として有効と思われる。

その場合にはヒアリングを行うことを業務委託の内容として定めなければならない。

　このほか，アンケート結果の報告の方法についてもさまざまな手法が考えられる。書面による報告だけではなく，取締役会の実効性評価を行う取締役会の場で直接報告させることも検討に値する手法である。

　取締役会評価の手法は各企業に委ねられており，PDCAサイクルをどのように回すかという視点のほか，株主に対しどのように説明するかといった視点から業務委託の内容を定めるべきである。

第2条（アンケート内容の確認）
　乙は，前条第1号で作成したアンケートの内容について，アンケートの実施前に甲取締役会事務局の同意を得なければならない。

コメント

　本条は，アンケート内容について取締役会事務局の同意を得ることを定める規定である。受託者は必ずしも十分に社内に精通しているわけではないため，適切なアンケート項目が作成されているかどうかを事前に取締役会が確認する方法を採用している。

　もっとも，このような手法を採用すると，委託者として触れられたくない部分のアンケート項目が，委託者のチェックによりに削除されてしまう可能性がある。

　委託者としては，あえてアンケート内容の事前のチェックをすることなく，受託者が作成したままのアンケートを利用することで，より客観的な取締役会の実効性評価が可能となると考えることもできる。

第3条（アンケートの方法）
1　第1条第1号のアンケートは，記名で行う。
2　乙が作成したアンケートは，甲取締役に対し直接送付する。
3　アンケートの回答は，各甲取締役から乙に対し直接送付する方法により行う。

コメント

　本条は，アンケートの方法について定める規定である。第1項はアンケー

トを記名で行うこと，第2項はアンケートを取締役に対し受託者であるコンサルティング会社から直接送付すること，第3項は回答を受託者であるコンサルティング会社に対し直接送付することを，それぞれ定めている。

　まず，アンケートを匿名で行うか記名で行うかについての問題がある。匿名で行う場合，代表取締役や社内出身の取締役会会長などの社内の実力者に遠慮することなく，忌憚のない意見を出しやすいというメリットがある。

　一方で，どういった属性の取締役による意見であるかがわからないため，PDCAサイクルを回すうえでどのように改善すべきかを取締役会において議論しにくくなってしまう。

　本契約例のように，外部の第三者に取締役会の実効性評価のためのアンケートおよびその分析を委託する場合，記名で行うことに心理的な障害が少なくなるため，記名で行うことでよい。

　アンケートの送付元および送付先については，取締役会事務局や取締役会議長，社外取締役などの選択肢がありえる。取締役会の実効性評価の客観性を担保するという視点からは，受託者または社外取締役を送付元および送付主とすることがよい。

　これに対し，送付元および送付先を代表取締役や社内出身の取締役会会長などの社内の実力者にした場合，アンケートを記名で行うと忌憚のない意見をいいにくくなってしまうおそれがある。そのためどのような方法によれば取締役会の実効性評価をより実質的に行うことができるかを十分に検討する必要がある。

第4条（善管注意義務）
　乙は，本業務を，善良な管理者の注意をもって遂行する。

コメント

　民法上，委任契約において受託者は，委任の本旨に従い，善良な管理者の注意をもって委任事務を処理する義務を負う（644条）。本条はこれを注意的に規定したものである。

第5条（委託料）

1　甲は乙に対し，本業務の対価として金○○○○円（消費税別）を支払う。

2　乙は，本業務終了後，甲に対して本業務の対価に係る請求書を発行し，甲は，当該請求書に基づき請求書到達月の翌月末日までに乙が指定する銀行口座へ振り込むものとする。なお，振込手数料は甲の負担とする。

コメント

　　本条は，業務委託の対価の額およびその支払方法について定める規定である。

　　民法上，委任契約は特約がなければ報酬を請求できないが（648条1項），受任者が商人の場合，常に「相当な報酬」の支払義務がある（商法512条）。

　　そのため，本条第1項がなくとも受任者は「相当な報酬」の請求権があるが，争いを避けるため対価またはその計算方法（タイムチャージなど）を定めておくべきである。

第6条（費用）

　　本業務の遂行にかかる一切の費用は，甲が負担するものとする。かかる費用の支払方法は，前条第2項を準用する。

コメント

　　本条は，費用の支払について定める規定である。民法上，委託者は委任事務の処理のための費用を負担する必要がある（649条，650条1項・2項）。そのため，委任者が費用を負担することを避けたい場合には，受託者が費用を負担する旨を定める必要がある。

　　費用の請求時期は，民法上，受任者は委任者に対し事前に請求することも（649条），費用の支出後に支出した費用の償還を請求することもできる（650条）。

　　本条は，受託者による費用の請求の時期については定めておらず，事前，支出後いずれも可能であると解される。そのため，委託者において，費用の支払を受託者が支出した後実費で行いたい場合には，費用の支出後に実費のみを請求できる旨を定めておく必要がある。

第7条（著作権）

1　本業務に関し発生した著作権は，甲に帰属する。ただし，乙が従前から有していた著作権については，乙に帰属する。

2　前項ただし書により乙に留保される著作権につき，甲は，取締役会の実効性評価及びその概要の開示のために必要な範囲で利用することができる。ただし，甲は，第三者に開示する場合には，乙の事前の書面による同意を得なければならない。

コメント

　　本条は，著作権について定める規定である。

　　第1項は著作権の帰属について定めている。本業務に関して発生した著作権を受託者（乙）が本業務終了後に利用することは考えにくく，むしろ委託者（甲）が利用することが多いと考えられるため，著作権が甲に帰属することを定めている。ただし書では，乙が元から有していた著作権が乙に留保されることを定めている。これを定めない場合，乙が元から有していた著作権の帰属について争いが生じるおそれがあるため注意が必要である。

　　第2項は，第1項ただし書で乙に留保された著作権について甲が利用できる旨を定めている。取締役会の実効性評価は取締役会が行う必要があり，アンケート結果および受託者の分析を基に委託者の取締役会で実効性評価を行わなければならない。その際に，複製等を行う必要があり，甲は乙に留保された著作権の利用につき乙の許諾を得なければならない場合がある。

　　また，第三者への開示は一般的に権利侵害の可能性が高いため，第2項ただし書は，第三者への開示の際，とくに受託者の書面による許諾が必要である旨を定めている。もっとも，取締役会の実効性評価は結果の概要を開示することが求められており（コーポレートガバナンス・コード補充原則4-11③），コーポレートガバナンス報告書に当該結果の概要を開示することとなる。

　　株主との対話の観点から積極的に取締役会の実効性評価を開示したいと考える場合，開示範囲の拡大に伴い，乙に著作権が留保されている事項についても開示する必要が生じる場合がある。その場合には，当該書面によ

る許諾が障害となる可能性がある。そのため，著しい損害が生じるおそれ
がない場合には許諾しなければならないとする旨の定めを置くことも考え
られる。

第8条（秘密保持義務）
1 　乙は，本業務を通じて知り得た事実（以下「秘密情報」という。）を
秘密として保持し，第三者に開示してはならない。
2 　乙は，秘密情報の取扱いにつき安全管理措置を講じるものとする。

コメント

　本条は，受託者の秘密保持義務および安全管理措置の構築について定め
る規定である。
　第1項は秘密保持義務を定めている。アンケートの内容や結果，それら
の分析結果は極めて機密性の高い情報であるため，受託者に秘密保持義務
を課す必要がある。
　第2項は受託者に秘密情報の取扱いについての安全管理措置を講じること
を義務付けている。安全管理措置は，おおむね組織的安全管理措置，人
的安全管理措置，物理的安全管理措置，技術的安全管理措置の4つの観点
があり，必要に応じてそれぞれの安全管理措置について詳細に規定するこ
とも考えられる。

第9条（譲渡禁止）
　甲及び乙は，相手方の事前の書面による同意を得ることなく，本契約
上の地位を第三者に譲渡し，若しくは承継し，あるいは本契約から生じ
る権利義務の全部又は一部を第三者に譲渡し，若しくは承継し，又は担
保に供してはならない。

コメント

　本条は，契約上の地位や権利義務を第三者に譲渡することを禁止する規
定である。

第10条（不可抗力）

　　乙は，天災地変，戦争，暴動，内乱，公権力による命令処分，その他戦争行為など不可抗力による本契約の履行の遅延又は不能について，責任を負わない。

コメント

　　本条は，不可抗力免責について定める規定である。

第11条（損害賠償）

　　甲及び乙は，本契約に違反して相手方に損害を与えた場合，当該損害を賠償する。ただし，乙が甲に対して負う損害賠償額は，委託料金相当額を上限とする。

コメント

　　本条は，契約違反の際の損害賠償義務を定める規定である。ただし書において，委託者の受託者に対する損害賠償額が委託料金相当額に制限されていることが重要である。
　　損害賠償義務の範囲を広げるのであれば，ただし書を削除し，拡大損害も賠償義務に含まれることを明示するのがよい。

第12条（解約）

1　甲は，30日前に書面により通知することにより，いつでも本契約を解約することができる。
2　乙が甲より前項の通知を受領した場合，乙は，遂行した本業務の対価及び発生した費用の請求書を発行し，甲は，当該請求書に基づき請求書到達月の翌月末日までに乙が指定する銀行口座へ振り込むものとする。なお，振込手数料は甲の負担とする。

コメント

　　本条は，委託者による解約について定める規定である。
　　民法は，委任契約の当事者はいつでも解除をすることができることを定

めており（651条1項），有償委任であっても受託者はもちろん，委託者も解除権を放棄していたものと解されない事情があるときは，委任契約をいつでも解除することができる。

　第1項は委託者にやむを得ない事情がなくとも解除できることおよび当該解除の手続を定めたものである。受託者による解除についても手続を定める必要があれば，「甲及び乙は」などと定める必要がある。

　第2項は委託者が第1項により解除した場合の報酬および費用の清算について定めたものである。民法上，委任事務の終了前に受任者の責めに帰することができない事由によって委任契約が終了したときは，すでにした履行の割合に応じて報酬を請求することができる（648条3項）。本項はそれを確認的に規定したものである。

第13条（解除）

1　甲又は乙は，相手方がその責に帰すべき事由により本契約の条項のいずれかを履行しない場合，相手方に相当の期間を定めて書面による催告を行ったにもかかわらず，なお履行がないときは，書面による通知をもって本契約を直ちに解除できる。

2　甲又は乙が次の各号のいずれか一つに該当した場合，相手方は，通知催告等何らの手続を要することなく，直ちに本契約を解除することができる。

⑴　監督官庁により営業の許可取消し，停止等の処分を受けたとき

⑵　支払停止若しくは支払不能の状態に陥ったとき，又は手形若しくは小切手が不渡となったとき

⑶　第三者により差押え，仮差押え，仮処分若しくは競売の申立て，又は公租公課の滞納処分を受けたとき

⑷　破産手続開始，民事再生手続開始，会社更生手続開始，特別清算手続開始の申立てを受け，又は自ら申立てを行ったとき

⑸　解散，会社分割，事業譲渡又は合併の決議をしたとき

⑹　資産又は信用状態に重大な変化が生じ，本契約に基づく債務の履行が困難になるおそれがあると認められるとき

(7) その他，前各号に準じる事由が生じたとき

コメント

　　本条は，契約の解除について定める規定である。

　　第1項は催告解除における手続について，第2項は無催告解除について
定めたものである。無催告解除特約は一般的には有効であるが，解除権者
の利益に比して不履行債務者の被る損害が大きすぎる場合，無効とされる
場合があるので，注意が必要である。

第14条（協議）

　　本契約に定めのない事項及び本契約に生じた疑義について，甲及び乙
は，誠実に協議して解決を図る。

コメント

　　本条は，いわゆる協議条項で，一般に特別の法的効果はないと考えられ
ているが，実務上は規定されることが少なくない。

第15条（合意管轄）

　　本契約に関して甲乙間に生じる一切の紛争については，○○地方裁判
所を第一審の専属的合意管轄の裁判所とする。

コメント

　　本条は，合意により管轄裁判所を定める規定である。

⑧ 内部通報外部窓口 業務委託契約

本契約例は、会社の内部通報の外部窓口業務を、リスクマネジメントに関して支援を行うコンサルティング会社に対して委託することを想定している。

内部通報の外部窓口を設けることにより、内部通報の受付に関する独立性や、受付後の調査や是正についても独立性を確保することができる。外部窓口業務の委託先として、本契約例のようなコンサルティング会社のほか、外部の弁護士や法律事務所なども考えられる。

2020年に公益通報者保護法が改正され、2021年に「公益通報者保護法第11条第1項及び第2項の規定に基づき事業者がとるべき措置に関して、その適切かつ有効な実施を図るために必要な指針」(以下「公益通報者保護法に基づく指針」という。)および「公益通報者保護法に基づく指針(令和3年内閣府告示第118号)の解説」(以下「指針解説」という。)が公表された(これらの点については、57頁以下を参照)。

本契約例においては、必要に応じて、改正公益通報者保護法、公益通報者保護法に基づく指針、指針解説に沿った条項を盛り込んでいる。

内部通報外部窓口業務委託契約書

●●●●株式会社を甲とし、株式会社××××を乙として、甲乙間において内部通報外部窓口業務委託に関し、以下のとおり委任契約(以下「本契約」という。)を締結する。

第1条(業務委託)

甲は，乙に対し，甲における内部通報の外部窓口業務（以下「本業務」
　という。）を委任し，乙はこれを受任する。

コメント

　　本条は，委託者が受託者に内部通報の外部窓口業務を委託することを定
める規定である。その詳細は，次条に定めているが，本条に併せて定めて
もよい。

　　なお，指針解説は，「内部公益通報事案の事実関係の調査等通報対応に
係る業務を外部委託する場合には，事案の内容を踏まえて，中立性・公正
性に疑義が生じるおそれ又は利益相反が生じるおそれがある法律事務所や
民間の専門機関等の起用は避けることが適当である」とする。受託者を選
定するにあたっては，こうした利益相反的関係に注意が必要である。

第2条（本業務の内容）

　　前条に基づき甲が乙に委託する本業務の内容は，甲及び別紙〔省略〕
記載の甲グループ会社（以下「甲グループ」という。）の内部通報制度
社外受付窓口の創設，通報受付，甲グループへの通知連絡，通報者に対
する結果のフィードバック及び甲に対する内部通報の運用報告を行うこ
とをいう。

コメント

　　本契約例では，委託者の子会社等を含めた委託者のグループ会社共通の
一元的な窓口としての外部窓口を設置することを目的としている。これは，
指針解説が，グループ企業共通の窓口を設置することが望ましいとしてい
ることによる。

　　また，会社法362条4項6号の「企業集団の業務の適性を確保するため
に必要なものとして法務省令で定める体制の整備」として，「子会社の取
締役等及び使用人の職務の執行が法令及び定款に適合することを確保する
ための体制」などの「企業集団における業務の適正を確保するための体制」
の整備が求められており（同法施行規則98条1項5号），グループ会社共
通の一元的な窓口の整備は，かかる企業集団内部統制システム構築義務の
一環とみることができる。

第○条（公益通報対応業務従事者）〔参考規定〕

1　乙は，乙の従業員の中から，公益通報者保護法（平成16年法律第122号）第11条第1項に基づき，公益通報対応業務に従事する者（公益通報対応業務従事者）を指定する。

2　乙は，甲に対し，前項に基づき公益通報対応業務従事者に指定された従業員が署名した指定書の写しを交付するものとする。

コメント

　本条は，委託者（甲）が，受託者（乙）を公益通報対応業務従事者として指定することを定める規定である。

　2020年の公益通報者保護法改正により，事業者は，公益通報対応業務従事者を指定する義務を負うこととなった。

　公益通報者保護法に基づく指針によると，ここにいう「公益通報対応業務従事者」とは，「内部公益通報受付窓口において受け付ける内部公益通報に関して公益通報対応業務を行う者であり，かつ，当該業務に関して公益通報者を特定させる事項を伝達される者」をいう。指針解説は，「内部公益通報の受付，調査，是正に必要な措置の全て又はいずれかを主体的に行う業務及び当該業務の重要部分について関与する業務を行う場合には，『公益通報対応業務』に該当する。」としている。

　本契約例の乙の従業員は，甲の内部通報の受付をしているため「公益通報対応業務を行う者」であり，実名通報も受け付けているため「当該業務に関して公益通報者を特定させる事項を伝達される者」であるから，「公益通報対応業務従事者」に該当する。

　公益通報対応業務従事者の指定方法につき，公益通報者保護法に基づく指針は，「書面により指定をするなど，従事者の地位に就くことが従事者となる者自身に明らかとなる方法」とする。委託者が，受託者（の従業員）に対して書面により指定するほか，受託者が，自社の従業員に対して書面により指定する方法が考えられる。

　本契約例では，後者の方法を採っている（第1項）。この場合，委託者（甲）は，受託者（乙）の従業員のうち誰が公益通報対応業務従事者として指定されたのか把握する必要がある。そのため，乙は，甲に対し，公益通報対応業務従事者に指定された従業員が署名した指定書の写しを交付しなければならない（第2項）。

第3条（通報適格者等）

1　乙は，本業務の遂行にあたり，次の各号に定める者（以下「通報適格者」という。）からの内部通報を受け付けるものとする。

　(1)　甲グループの従業員（契約社員，パートタイマー，アルバイト及び派遣社員を含む。）

　(2)　甲グループの退職者（ただし，退職後1年以内の者に限る。）

　(3)　甲グループの役員

　(4)　甲グループの取引先の従業員

2　乙は，実名通報及び匿名通報のいずれも受け付けるものとする。ただし，乙は，匿名通報の場合，前項の通報適格者に該当するかどうかについて，通報者に確認するものとする。

3　乙は，本業務の遂行にあたり，次の各号に定める事実に関する内部通報を受け付けるものとする。

　(1)　公益通報者保護法（平成16年法律第122号）第2条第3項に定める事実

　(2)　前号のほか，法律又はこれに基づく政令（これらに基づく条例を含む。）違反となる事実又はその疑いがある事実

　(3)　内部規程その他甲グループのコンプライアンス違反となる事実又はその疑いがある事実

コメント

　　本条は，内部通報社外窓口の対象となる者および事項について定める規定である。

　　第1項は，通報適格者の範囲を定めている。公益通報者保護法上保護される「公益通報者」である「労働者」（2条1項1号）は，労働基準法9条の「労働者」をいうところ，いわゆる正社員のみならず，契約社員，パートタイマー，アルバイトなども含まれる。

　　改正公益通報者保護法は，「公益通報者」の範囲に，「労働者であった者」（2条1項1号）および「役員」（同項4号）を追加した。前者は，退職後1年以内の者が対象となり，本条第1項第2号もこれに合わせているが，たとえば「退職後3年以内」とするなど，通報適格者の範囲を広げること

も考えられる。

　第2項は，匿名通報についても受け付ける旨を定めている。指針解説は，「内部公益通報対応の実効性を確保するため，匿名の内部公益通報も受け付けることが必要である」としており，これに対応した規定になっている。

　第3項は，内部通報の対象となる事実の範囲を定めている。通報を受け付けた直後は，通報された事実が「通報対象事実」（公益通報者保護法2条3項）であるか否かの判断が難しいことも多い。通報者にとっても，自らが通報した事実が法令違反なのか内規違反なのかについて判断できないこともあるだろう。そのため，内部通報の対象となる事実の範囲を広く定めておくことが望ましい。

第4条（受付方法及び受付時間）

1　乙は，電子メール，電話，書面及びファックスにより，通報を受け付けるものとする。

2　乙は，内部通報専用の電子メールアドレス，電話番号及びファックス番号を設定するものとする。

3　電話による通報の受付時間は，年末年始（12月31日から翌年1月3日まで）を除く平日の午前9時から午後6時までとする。

4　甲は，前3項の受付方法及び受付時間を，通報適格者に対して周知するものとする。

コメント

　本条は，通報の受付方法および受付時間について定める規定である。

　第1項および第2項は，通報の受付方法について定めている。通報ができる限り早期かつ幅広く寄せられるよう，さまざまな受付方法を用意するべきである。第1項のほか，専用のウェブページの開設などによる方法も考えられる。また，第2項のように，専用の電子メールアドレスや電話番号，ファックス番号を設定することにより，通報者が安心して通報できる体制を構築すべきである。

　第3項は，電話での通報の受付時間を定めている。

　第4項は，委託者による内部通報外部窓口の受付方法および受付時間の周知について定めている。指針解説は，「公益通報受付窓口及び受付の方

法を明確に定め，それらを労働者等及び役員に対し，十分かつ継続的に教育・周知することが必要である」としている。受託者にとっても受付時間等については周知をしてもらう必要があるため，第4項では委託者による周知を義務付けている。

第5条（通報連絡先）

1　乙は，通報者の所属に応じて，別紙〔省略〕記載の甲グループの連絡先に対し，通報内容を連絡するものとする。

2　第3条第1項第4号に定める通報者からの通報について，乙は，当該取引の当事者となっている甲グループに対応して，甲グループの連絡先に対し，通報内容を連絡するものとする。

3　乙が，前2項の連絡先が通報内容について利益相反のおそれがあると判断した場合，乙は，別紙記載の甲グループの社外役員に対し通報内容を連絡するものとする。

コメント

　本条は，受託者が通報を受け付けたのち，委託者に対して通報をする際の連絡先を定めたものである。

　第1項および第2項は，受託者による連絡先に関する規定であり，通報者の属性に応じて委託者またはその子会社等に対して連絡を行うものとしている。通常は，会社のコンプライアンスグループの担当者に連絡することとなろう。

　第3項は，社外役員に対する連絡を行う場合について定めている。公益通報者保護法に基づく指針は，「内部公益通報受付窓口において受け付ける内部公益通報に係る公益通報対応業務に関して，組織の長その他幹部に関係する事案については，これらの者からの独立性を確保する措置」をとらなければならないとし，指針解説は，その方法として，たとえば，「社外取締役や監査機関（監査役，監査等委員会，監査委員会等）にも報告を行うようにする」ことを挙げる。第3項は，これに対応した規定となっている。

第6条（受領通知等）

1　乙は，通報を受け付けた場合，できる限り速やかに，通報者に対し，通報の受領通知を行うものとする。ただし，通報者が望まない場合又は匿名通報のため受領通知が困難な場合など，やむを得ない事情がある場合はこの限りではない。

2　乙は，通報を受け付けた場合，できる限り速やかに，甲に対し，通報を受け付けた旨及び通報内容を連絡するものとする。ただし，乙は，通報者が希望する範囲に限り，乙に対し通報内容を連絡するものとする。

3　乙は，通報者に対し，通報をしたことを理由として，解雇，異動，降格，減給，退職金の不支給その他不利益な取扱いがなされないことを説明しなければならない。

コメント

　　本条は，受託者が通報を受け付けた場合の受領通知等について定める規定である。

　　第1項は，通報者に対する受領通知について定めている。電話以外の方法による通報の場合には，とくに受領通知が必要となる。ただし書では，通知が困難な場合などについての例外を定めている。

　　第2項は，委託者に対する通報について定めている。匿名通報の場合，通報者の氏名など通報者の特定につながりうる情報については，通報者に対する不利益が生じるおそれがある。通報内容についても通報者の特定につながりうる事項が含まれている。そのため，受託者による委託者への通報内容については，通報者の希望を慎重に確認する必要がある。

　　第3項は，乙の通報者に対する説明義務について定めている。公益通報者保護法は，公益通報をしたことを理由とする解雇（3条），降格，減給，退職金の不支給その他不利益な取扱い（5条1項）を禁止している。受託者が，通報者に対し，通報により不利益な取扱いがなされないことを説明することで，通報者は安心して通報することができる。

第7条（フィードバック）

1　甲は，前条第2項の通知を受け，事実関係等につき調査を行う場合，調査の進捗状況及び調査結果について，乙に通知しなければならない。

2　乙は，通報者が希望する場合，前項の調査の進捗状況及び調査結果について，通報者に通知しなければならない。

3　通報者が甲から直接調査の進捗状況及び調査結果について通知を受けることを希望する場合，甲は，通報者に対し，直接調査の進捗状況及び調査結果を報告することができる。

コメント

　　本条は，調査の進捗状況および是正措置の結果についての通知を定める規定である。指針解説は，「内部公益通報受付窓口にて通報を受け付けた場合，調査が必要であるか否かについて，公正，公平かつ誠実に検討し，今後の対応についても，公益通報者に通知するよう努めることが望ましい。また，調査中は，調査の進捗状況について，被通報者や調査協力者等の信用，名誉及びプライバシー等に配慮しつつ，適宜，公益通報者に通知するとともに，調査結果について可及的速やかに取りまとめ，公益通報者に対して，その調査結果を通知するよう努めることが望ましい。」とする。なお，通知の方法については，通報者が委託者からの直接の連絡を希望しない限り，受託者を介して行うことが適切であろう。

第8条（善管注意義務）

　　乙は，善良な管理者として，中立・公正に本業務の遂行に当たるものとする。

コメント

　　本条は，受託者が善管注意義務を負うことを定める規定である。指針解説は，「内部公益通報事案の事実関係の調査等通報対応に係る業務を外部委託する場合には，事案の内容を踏まえて，中立性・公正性に疑義が生じるおそれ又は利益相反が生じるおそれがある法律事務所や民間の専門機関等の起用は避けることが適当である」としており，本条では受託者（乙）が中立・公正に本業務を遂行することを明示している。

第9条（運用報告）

　　乙は，通報者が特定されないよう留意しつつ，毎年10月末日までに当該年度の上半期（当該年度の４月１日から９月30日まで）の運用状況の報告（甲グループ会社の運用状況も含む。）を，毎年４月末までに前年度（前年度の４月１日から３月31日まで）の運用状況の報告（甲グループ会社の運用状況も含む。）を書面にて行うものとする。

コメント

　　本条は，内部通報制度の実効性向上のための資料の一つとするため，受託者に運用状況の報告を義務付けることを定める規定である。報告の際には通報者が特定されないよう注意する必要があり，その旨も定めている。

第10条（委託料）

1　本業務の対価は，月額金○○○○円とし，甲は，甲グループを統括して乙に対し，半期分（６ヶ月分）金○○○○円（消費税別）をまとめて下記口座に振り込んで支払う。なお，振込手数料は甲の負担とする。

記

〔省略〕

2　前項の支払期限は，毎年９月末日及び３月末日までとする。

コメント

　　本条は，委託業務の対価の額およびその支払方法について定める規定である。

　　委託料が通報の件数に従う旨の定めとしてもよいが，受託者としては，内部通報に対応する体制を整えることにも費用がかかるため，基本委託料に出来高制の委託料を加える形式が合理的と思われる。

第11条 （旅費日当等）

　乙が内部通報受付事務の処理のため乙の事業所以外の場所に出向いたときは，甲は，乙に対して，別途乙が定める旅費日当等を支払うこととする。

コメント

　本条は，委託業務の処理のための費用の支払について定める規定である。
　民法上，委託者は，委任事務の処理のための費用を負担する必要がある（649条，650条１項・２項）。

第12条 （通報対応）

　甲又は甲グループが，乙に対し，本業務の範囲を超えて通報内容に関する事実調査その他通報対応を委任するときは，甲は，第10条に定める委託料のほか，別途乙が定める報酬及び実費を支払う。この場合の請求の宛先については，第10条を準用する。

コメント

　本条は，通報内容に関する事実調査等の対応を受託者に別途委託する際について定める規定である。
　別途委託する際には，改めて契約書を取り交わすことが望ましい。また，受託者は，別途事実調査を受任する際は中立・公正義務に留意しなければならない。

第13条 （秘密保持義務）

1　乙は，通報により知り得た事実その他本業務の遂行により知り得た事実（以下「秘密情報」という。）を秘密として保持し，第三者に開示してはならない。

2　乙は，秘密情報の取扱いにつき，安全管理措置を講じるものとする。

3　甲は，前項の安全管理措置の点検のほか，内部通報制度の実効性を向上させるため，乙の内部通報制度の運用状況について監査することができる。ただし，監査においては，通報者の個人情報が明らかになること

がないよう努めなければならない。

コメント

　本条は，秘密保持義務について定める規定である。

　第2項は，受託者（乙）に秘密情報の取扱いについての安全管理措置を講じることを義務付けるものである。

　安全管理措置は，おおむね組織的安全管理措置，人的安全管理措置，物理的安全管理措置，技術的安全管理措置の4つの観点があり，必要に応じてそれぞれの安全管理措置について詳細に規定することも考えられる。

　なお，指針解説は，記録・資料を閲覧できる者を必要最小限に限定することや記録・資料を施錠管理することなどの措置を例示している。

第14条（損害賠償）

　乙が本契約に違反し，秘密情報が第三者に漏えいし又は公知となったことにより甲が直接又は間接の損害を被った場合，乙は，その損害を賠償しなければならない。

コメント

　内部通報に係る情報が漏えいした場合，通報者のみならず委託者も損害を被る場合がある。とくにレピュテーションのリスクは少なくないため，本条では，損害賠償の範囲として間接損害も含めるものとしている。

　受託者の責任を軽減するのであれば，損害の範囲を限定することや，重大な過失があった場合に限る旨の定めを入れることなどが考えられよう。

第15条（有効期間）

　本契約の有効期間は，令和○年○○月○○日から令和○年○○月○○日までとし，甲又は乙のいずれか一方が期間満了の1ヶ月前までに別段の書面による意思表示をしないときは，更に1年間自動延長するものとし，以後も同様とする。

コメント

　本条は，契約の有効期間および更新について定める規定である。

第16条 （解除）

1 甲は，乙が次の各号のいずれか一つに該当したときは，何らの通知，催告を要することなく，直ちに本契約の全部又は一部を解除することができる。

 (1) 本契約に定める条項に違反し，乙に対し催告したにもかかわらず14日以内に当該違反が是正されないとき

 (2) 監督官庁により営業の許可取消し，停止等の処分を受けたとき

 (3) 支払停止若しくは支払不能の状態に陥ったとき，又は手形若しくは小切手が不渡となったとき

 (4) 第三者により差押え，仮差押え，仮処分若しくは競売の申立て，又は公租公課の滞納処分を受けたとき

 (5) 破産手続開始，民事再生手続開始，会社更生手続開始，特別清算手続開始の申立てを受け，又は自ら申立てを行ったとき

 (6) 解散，会社分割，事業譲渡又は合併の決議をしたとき

 (7) 資産又は信用状態に重大な変化が生じ，本契約に基づく債務の履行が困難になるおそれがあると認められるとき

 (8) その他，前各号に準じる事由が生じたとき

2 前項の規定により本契約が解除された場合，乙は期限の利益を喪失する。

3 第1項により本契約が解除された場合，乙は，解除により甲が被った損害の一切を賠償する。

4 第1項により本契約が解除された場合であっても，甲は，解除により乙が被った損害を賠償する責任を負わない。

コメント

　本条は，契約の解除について定める規定である。

第17条（反社会的勢力の排除）

1　甲及び乙は，自己又は自己の経営に実質的に関与している者が，暴力団，暴力団員，暴力団準構成員，暴力団関係企業，総会屋，社会運動等標ぼうゴロ，政治活動標ぼうゴロ，特殊知能暴力集団又はこれらに準ずる者（以下，総称して「反社会的勢力」という。）に該当しないこと及び反社会的勢力と密接な関係を有していないことを表明し，保証する。

2　甲及び乙は，自ら又は第三者を利用して，暴力的な要求行為又は法的な責任を超えた不当な要求を行わないことを確約する。

3　甲及び乙は，相手方が前各項に違反した場合は，何らの催告を要せず，直ちに本契約を解除できるとともに，当該解除により被った損害の賠償を相手方に請求できるものとする。

4　本契約を解除した当事者は，当該解除により相手方が被った損害について賠償する責を負わないものとする。

コメント

　　本条は，暴力団等の反社会的勢力を取引から排除するための規定である。

　　相手方が反社会的勢力に該当する場合や禁止行為を行った場合，即時に契約を解除して当該相手方を取引から排除できるよう定めておくことが重要である（第3項）。

　　また，解除した当事者からの損害賠償請求を認める一方（第3項），解除された当事者からの損害賠償請求を認めないものとしている（第4項）。

第18条（契約内容の変更）

1　甲及び乙は，本契約の内容の変更の必要性が生じた場合は，相手方に対し，契約の内容の変更を求めることができる。

2　本契約の全部又は一部の変更は，甲及び乙の正当な権限を有する代表者の記名及び押印を付した書面によらなければ，その効力を生じないものとする。

　契約締結当時は想定していなかった事情の変更等により，契約の修正が必要となる場合が考えられる。そこで，第1項は，そのような必要性が生じた場合に，相手方当事者に対して契約内容の変更を求めることができる旨を定めている。

　第2項は，本契約の変更等の方式を定めている。甲乙間で変更内容に起因してトラブルが生じ得るため，その方式等は厳格に定めておく必要がある。

第19条（譲渡禁止）

　甲及び乙は，相手方の事前の書面による同意を得ることなく，本契約上の地位を第三者に譲渡し，若しくは承継し，あるいは本契約に基づく権利義務の全部又は一部を第三者に譲渡し，若しくは承継し，又は担保に供してはならない。

　本条は，契約上の地位の移転を禁止する規定である。

　甲と乙は，双方の能力等を信頼して契約関係に入っているため，契約上の地位を制限することが望ましい。

第20条（協議）

　本契約に定めのない事項及び本契約に生じた疑義について，甲及び乙は，誠実に協議して解決を図る。

　本条は，いわゆる協議条項で，一般的に特別の法的効果はないと考えられているが，実務上は規定されることが少なくない。

第21条（合意管轄）

　本契約に関して甲乙間に生じる一切の紛争については，○○地方裁判所を第一審の専属的合意管轄裁判所とする。

本条は，合意により管轄裁判所を定める規定である。

$\boxed{\text{K}}\boxed{\text{E}}\boxed{\text{Y}}\boxed{\text{W}}\boxed{\text{O}}\boxed{\text{R}}\boxed{\text{D}}$

AIと法律

　近年はAIが格段に進化を遂げ，2016年には，ついに世界最強と言われる囲碁棋士に勝利するまでになった。今後も進化を遂げていくと，人間のように自律する日も遠くないと思われる。

　しかし，現行法上，権利義務の主体となることができるのは，自然人または法人だけである。将来的に，AIが権利義務の主体となることが認められる日は来るのだろうか。

サプライチェーン・マネジメント

　企業は，海外を含む広いサプライチェーンを有していることが多い。しかし，最近はサプライチェーンにおける労働問題や環境問題が原因で不買運動などにつながることがあり，企業にとってはリスクとなっている。

　いまESG投資が注目されているが，「人権への取組」や「サプライチェーン労働管理制度」が評価項目とされることもあり，リスク管理上の問題となりつつある。

9 イベント企画運営業務委託契約

　本契約例は，委託者（会社）が受託者（会社）に対し，スポーツイベントの企画から運営までを委託する契約を想定している。

　イベント企画運営業務委託契約において，受託者に対しては，イベントの実施や広告宣伝活動など，受託者の経験やノウハウに基づく業務の履行が期待されている。委託者がその進捗状況などについてチェックすることはあるものの，業務遂行の具体的な方法については，受託者の裁量に委ねられている。この点で，イベント企画運営業務委託契約は，（準）委任契約の性質を有する。

　一方，委託者は，受託者が企画・運営したイベントの成功を期待しており，受託者にイベント終了の報告義務を課すことも多くある。このように，イベント企画運営業務委託契約は，仕事の完成をも目的としているということができるため，請負契約の性質も有している。

　近年，さまざまなイベントにおいて，DX推進により運営のコストカットや効率化が図られている。たとえば，イベントのパンフレットやチケットをペーパーレス化することで，印刷に要する費用や入場窓口に割く人件費を抑えることができる。こうした点を期待してイベント企画運営を業務委託する場合，委託者は，受託者に対して，実施計画書を提出させてその内容を吟味することが重要となる。

イベント企画運営業務委託契約

　委任者●●●●株式会社（以下「甲」という。）と受任者株式会社××××（以下「乙」という。）は，甲が乙に委託する業務に関し，以下のとおり契約（以下「本契約」という。）を締結する。

第1条（業務の委託）

1　甲は，次のイベント（以下「本イベント」という。）を実施するに当たり，乙に対し，次項各号に記載する業務（以下「本業務」という。）を委託し，乙はこれを受託する。

　　　名　　称：○○○○フェスティバル
　　　日　　程：令和○年○○月○○日～令和○年○○月○○日
　　　会　　場：○○○○アリーナ（東京都○○区1－1－1）
　　　目　　的：甲は，○○○○フェスティバルの開催を通じて，○○○○
　　　　　　　　の魅力を発信し，○○○○することを目的とする。

2　甲が乙に委託する本業務は，次の通りとする。
　(1)　本イベントの実施
　　ア　本イベントの企画及び運営
　　イ　本イベントの会場の借上げ，設営及び撤去
　　ウ　本イベントの会場において販売するグッズの作成
　　エ　本イベントの会場において配布する資料の作成
　(2)　本イベントの広報宣伝活動
　(3)　本イベントの参加者に対するアンケートの実施
　(4)　その他，本イベントを円滑かつ安全に実施する上で必要な一切の業務

コメント

　　本条は，委託者が受託者に委託する業務の詳細を定める規定である。
　　第1項では，イベントの名称，日程，会場，目的を記載することで，委託者（甲）が実施するイベントを特定している。これらのほか，参加予定

人数や入場料などを記載することも考えられる。

　第2項では，業務内容を定めている。業務委託の範囲・内容について，事後的に紛争が生じることを防ぐため，受託者に対して委託する業務内容は明確に定めておくことが重要である。業務内容が詳細にわたる場合には，契約書にはその概略を記載するにとどめ，別紙や仕様書に詳細を記載するとよい。

第2条（本業務の遂行）

1　乙は，本業務の遂行に際し，甲の指示及び本契約に定める乙の義務を遵守しなければならない。

2　乙は，甲の求めがあったときは，○日以内に，本業務の遂行に関する実施計画書を甲に提出し，甲の承認を受けなければならない。

3　乙は前項の規定により提出した実施計画書を変更する場合は，実施変更計画書を甲に提出し，甲の承認を受けなければならない。

4　甲は，前2項の規定により乙から提出された書類の内容に不適当な箇所が認めるときは，乙に指示してそれを変更し，又は修正させることができる。

　コメント

　本条は，受託者が負う義務を定める規定である。

　第1項では，本業務の遂行に際して，受託者（乙）は，委託者（甲）の指示や本契約上の義務を遵守しなければならない旨を規定している。

　乙は，本イベントの開始から終了までの全過程を委託されており，各過程の業務が計画的に行われる必要がある。そのため，乙は，甲の求めがあったときに本業務の実施計画書を提出しなければならない旨を規定している（第2項）。実施計画書に不適当な箇所がある場合には，甲は，乙に対して変更・修正させることができる（第4項）。

　なお，実施計画書については，甲の求めの有無にかかわらず提出させる旨の規定にすることも考えられる。その場合は，「乙は，本契約締結後○日以内に，本件業務の遂行に関する実施計画書を甲に提出し，甲の承諾を受けなければならない。」などとするとよい。

第3条（調査）

　　甲又は甲の指定する者は，必要に応じていつでも，本イベントの会場
　等に立ち入り，調査をすることができるものとし，乙は異議なくこれに
　協力するものとする。

　コメント

　　本条は，委託者による立入調査を定める規定である。
　　受託者（乙）による本業務の遂行が実施計画書に沿ってなされていない
　場合や，本業務の遂行が違法・不当である場合には，委託者（甲）が，乙
　の営業場所に立入って，本業務の遂行状況を調査できることが望ましい。
　　もっとも，委託者が「必要に応じていつでも」立入調査できるとすると，
　受託者の営業やプライバシーの侵害につながるおそれがある。そのため，
　「乙の本業務の遂行状況につき疑義を生じたときは」など，立入調査を行
　うことができる場合を限定した規定にすることも考えられる。

第4条（報告義務）

1　乙は，本業務の遂行の都度又は定期的に，本業務の遂行状況を甲に対
　し書面にて報告しなければならない。
2　乙は，本業務を完了したときは，速やかに完了報告書を甲に提出しな
　ければならない。
3　前2項に定めるほか，乙は，甲の求めがあったときは，その都度，本
　業務の遂行状況を甲に報告しなければならない。

　コメント

　　本条は，受託者の報告義務を定める規定である。
　　本業務の遂行の都度（第1項），完了時（第2項），委託者（甲）の求め
　があった際（第3項）の報告義務を定めている。
　　報告義務について規定する際は，報告の時期のみならず，報告の方法に
　ついても定めておくことが望ましい。本条では，書面により報告しなけれ
　ばならないとしている（第1項）。

第5条 (損害保険)

　乙は，火災，地震等による損害を補填するために，乙が適当とする保険者との間で損害保険に加入しなければならない。

コメント

　本条は，受託者の損害保険に加入する義務を定める規定である。

　火災や地震による設備の倒壊など，イベント運営においてはさまざまな災害の発生が考えられるところ，これらにより生じた損害を填補するため，受託者に対して，受託者が適当とする保険者との間で損害保険に加入させる義務を負わせることが重要である。

第6条 (委託料等)

1　甲は，本契約に基づく本業務の対価として，乙に対し，金○○○○円を支払うものとする。

2　甲は，前項に定める金額に消費税及び地方消費税相当額を加算した金額を，令和○年○○月○○日までに，乙が別途指定する銀行口座へ振り込み支払うものとする。なお，振込手数料は甲の負担とする。

3　第1項に定める金額には，会場使用料，交通費等のほか，必要とする資材，機材及びそれらの運搬費等，本業務に係るすべての経費が含まれる。

コメント

　本条は，委託者が受託者に対して支払う委託料について定める規定である。

　第2項は，委託料を支払期日に一括で振り込み支払う旨の規定としているが，「会場の設営完了時に金○○○○円，本イベントの終了時に金○○○○円を支払う」など，委託料を分割して支払う旨の規定にすることも考えられる。

　第3項は，本イベントで使用する会場の使用料，交通費，機材の運搬費なども委託料に含めているが，交通費や運搬費等は別途支払う旨の規定にすることも考えられる。

第7条（本業務内容の変更）

　　甲は，必要があると認めるときは，第1条第2項に定める本業務の内
　容を変更することができる。この変更の内容及びその他の措置について
　は，甲が書面により決するものとする。

コメント

　　本条は，委託者が，受託者に委託する業務の内容について変更すること
ができる旨を定める規定である。
　　委託者による一方的な変更が認められると，受託者が害されるおそれが
ある。そこで，協議の上変更することができるなどの規定にすることも考
えられる。

第8条（再委託）

1　乙は，甲の事前の書面による同意を得た場合に限り，本業務を第三者
　に再委託することができる。乙が，かかる同意を得るに際しては，次に
　掲げる事項を甲に通知しなければならない。
(1)　再委託先の住所及び名称又は商号
(2)　乙と再委託先との間の取引関係及び取引実績
(3)　再委託する業務の内容及び範囲
(4)　その他，甲が必要とする情報
2　乙が，再委託先に対して再委託する場合，再委託先との間で，書面を
　もって再委託契約を締結しなければならない。
3　乙は，再委託先が本契約の各条項を遵守するよう管理監督し，それら
　の業務の実施に係る一切の行為に関して，乙がなしたものとして，甲に
　対し一切の責任を負う。

コメント

　　委託者は，受託者の能力や評判を考慮したうえで，委託先として選定し
ているため，受託者が第三者に再委託してしまうと，委託者が受託者を選
定した意味が失われかねない。そこで，原則として再委託を禁止するのが
よい。

なお，本業務のうち一部の業務について，受託者の裁量で再委託をすることができる旨の規定にすることも考えられる。この場合は，委託者にとって好ましくない者が再委託先とならないよう，委託者に当該第三者に対する再委託の中止を請求することができる旨の規定を定めておくことが望ましい。

第9条（個人情報の保護）

　　乙は，本業務を処理するにあたり個人情報を取り扱う場合は，別紙〔省略〕「個人情報取扱特記事項」を遵守しなければならない。

コメント

　　本条は，個人情報の取扱いについて定める規定である。

　　近年の個人情報保護の重要性に鑑みると，個人情報の取扱いについては，別途詳細な規定を設けるなどの工夫が必要である。

第10条（秘密保持義務）

1　乙は，本業務の遂行により知り得た甲の一切の情報を，甲の事前の書面による同意を得ないで，第三者に開示又は漏えいしてはならず，本業務の遂行のためのみに使用するものとし，他の目的に使用してはならない。

2　前項の規定は，次の各号のいずれか一つに該当する情報については，適用しない。

(1)　開示を受けた際，既に乙が保有していた情報

(2)　開示を受けた際，既に公知となっている情報

(3)　開示を受けた後，乙の責めによらずに公知となった情報

(4)　正当な権限を有する第三者から適法に取得した情報

(5)　甲から開示された情報によることなく乙が独自に開発・取得していた情報

3　本条の規定は，本契約の終了後も有効に存続するものとする。

コメント

　本条は，受託者が，業務の遂行により知り得た委託者の秘密情報の開示・漏えい等を禁止する旨を規定している。

第11条（知的財産権）

1　本業務に伴い発生する特許権，著作権（著作権法第21条から第28条に定める全ての権利を含む。）その他一切の知的財産に関する権利は，発生と同時に甲に移転するものとし，その対価は第6条に定める委託料に含まれる。ただし，乙が，本契約に基づく本業務の遂行開始前から有していた権利については，この限りでない。

2　乙は，甲又は甲から正当に権利を取得した承継人に対して，前項で権利移転の対象とされた著作物に関する著作者人格権を一切行使せず，乙が著作者ではない場合，著作者をして行使させてはならない。

3　乙は，本業務の遂行にあたり，第三者の有する知的財産権その他の権利を侵害してはならない。

コメント

　業務遂行の過程で受託者が制作した成果物を委託者が使用することが予定されている場合，委託者による成果物の利用が妨げられないように，知的財産権が受託者から委託者へ移転する旨の規定を定めておくことが重要である。

　なお，委託者が，下請代金支払遅延等防止法（下請法）における「親事業者」（2条7項）に該当する場合，委託者は，「自己のために金銭，役務その他の経済上の利益を提供させること」により，下請業者たる乙の利益を不当に害してはならない（4条2項3号）。そして，「下請代金支払遅延等防止法に関する運用基準」第4－7(4)は，「情報成果物等の作成に関し，下請事業者の知的財産権が発生する場合において，親事業者が，委託した情報成果物等に加えて，無償で，作成の目的たる使用の範囲を超えて当該知的財産権を親事業者に譲渡・許諾させることは，法第4条第2項第3号に該当する」としている。

第12条（有効期間）

　本契約の有効期間は，令和○年○○月○○日から令和○年○○月○○日までとし，甲又は乙のいずれか一方が期間満了の1ヶ月前までに別段の書面による意思表示をしないときは，更に1年間自動延長するものとし，以後も同様とする。

コメント

　本条は，契約の有効期間および更新について定める規定である。

第13条（解除）

1　甲は，乙が次の各号のいずれか一つに該当したときは，何らの通知，催告を要することなく，直ちに本契約の全部又は一部を解除することができる。

⑴　本契約に定める条項に違反し，乙に対し催告したにもかかわらず14日以内に当該違反が是正されないとき

⑵　監督官庁により営業の許可取消し，停止等の処分を受けたとき

⑶　支払停止若しくは支払不能の状態に陥ったとき，又は手形若しくは小切手が不渡となったとき

⑷　第三者により差押え，仮差押え，仮処分若しくは競売の申立て，又は公租公課の滞納処分を受けたとき

⑸　破産手続開始，民事再生手続開始，会社更生手続開始，特別清算手続開始の申立てを受け，又は自ら申立てを行ったとき

⑹　解散，会社分割，事業譲渡又は合併の決議をしたとき

⑺　資産又は信用状態に重大な変化が生じ，本契約に基づく債務の履行が困難になるおそれがあると認められるとき

⑻　その他，前各号に準じる事由が生じたとき

2　前項の規定により本契約が解除された場合，乙は期限の利益を喪失する。

3　第１項により本契約が解除された場合，乙は，解除により甲が被った損害の一切を賠償する。

4　第１項により本契約が解除された場合であっても，甲は，解除により乙が被った損害を賠償する責任を負わない。

コメント

　　本条は，契約の解除について定める規定である。

第14条（反社会的勢力の排除）

1　甲及び乙は，自己又は自己の経営に実質的に関与している者が，暴力団，暴力団員，暴力団準構成員，暴力団関係企業，総会屋，社会運動等標ぼうゴロ，政治活動標ぼうゴロ，特殊知能暴力集団又はこれらに準ずる者（以下，総称して「反社会的勢力」という。）に該当しないこと及び反社会的勢力と密接な関係を有していないことを表明し，保証する。

2　甲及び乙は，自ら又は第三者を利用して，暴力的な要求行為又は法的な責任を超えた不当な要求を行わないことを確約する。

3　甲及び乙は，相手方が前各項に違反した場合は，何らの催告を要せず，直ちに本契約を解除できるとともに，当該解除により被った損害の賠償を相手方に請求できるものとする。

4　本契約を解除した当事者は，当該解除により相手方が被った損害について賠償する責を負わないものとする。

コメント

　　本条は，暴力団等の反社会的勢力を取引から排除するための規定である。

　　相手方が反社会的勢力に該当する場合や禁止行為を行った場合，即時に契約を解除して当該相手方を取引から排除できるよう定めておくことが重要である（第３項）。

　　また，解除した当事者からの損害賠償請求を認める一方（第３項），解除された当事者からの損害賠償請求を認めないものとしている（第４項）。

第15条（損害賠償）

　甲又は乙は，本契約に違反し，相手方に損害を与えた場合には，相手方に対しその損害を賠償しなければならない。

コメント

　本条は，損害賠償について定める規定である。

第16条（契約内容の変更）

1　甲及び乙は，本契約の内容の変更の必要性が生じた場合は，相手方に対し，契約の内容の変更を求めることができる。ただし，第7条に定める本業務の内容についてはこの限りでない。

2　本契約の全部又は一部の変更は，甲及び乙の正当な権限を有する代表者の記名及び押印を付した書面によらなければ，その効力を生じないものとする。

コメント

　契約締結当時は想定していなかった事情の変更等により，契約の修正が必要となる場合が考えられる。そこで，第1項は，そのような必要性が生じた場合に，相手方当事者に対して契約内容の変更を求めることができる旨を定めている。もっとも，本業務の内容については，甲が書面により決することとなっているため（第7条），これについては除外しておく必要がある。

　第2項は，本契約の変更等の方式を定めている。当事者間で変更内容に起因してトラブルが生じ得るため，その方式等は厳格に定めておく必要がある。

第17条 （譲渡禁止）

　　甲及び乙は，相手方の事前の書面による同意を得ることなく，本契約
　上の地位を第三者に譲渡し，若しくは承継し，あるいは本契約に基づく
　権利義務の全部又は一部を第三者に譲渡し，若しくは承継し，又は担保
　に供してはならない。

コメント

　　本条は，契約上の地位の移転を禁止する規定である。
　　甲と乙は，双方の能力等を信頼して契約関係に入っているため，契約上
　の地位を制限することが望ましい。

第18条 （協議）

　　本契約に定めのない事項及び本契約に生じた疑義について，甲及び乙
　は，誠実に協議して解決を図る。

コメント

　　本条は，いわゆる協議条項で，一般的に特別の法的効果はないと考えら
　れているが，実務上は規定されることが少なくない。

第19条 （管轄裁判所）

　　本契約に関して甲乙間に生じる一切の紛争については，○○地方裁判
　所を第一審の専属的合意管轄裁判所とする。

コメント

　　本条は，合意により管轄裁判所を定める規定である。

10 スポーツインストラクター業務委託契約

　本契約例は，フリーランスのスポーツインストラクターが，スポーツの協会やスポーツジムを運営する企業と業務委託契約を締結し，スポーツジムへ派遣され，インストラクター業務を行うことを想定している。

　いわゆる「働き方改革」により，副業・兼業が解禁となった。これにより，例えば，会社の従業員が，終業後や休日などの空き時間を利用してフリーランスとして副業を行うといった働き方も出てきた。

　また，昨今の新型コロナウイルス感染症（COVID-19）下において，デジタルプラットフォームを利用してインターネット経由で単発の仕事を引き受ける「ギグワーカー」や，フリーランスとして会社と業務委託契約を締結して仕事を引き受ける例も増えている。

　なお，スポーツインストラクターやシステムエンジニアリングなど専門性が要求される業務において，人材募集を行う会社は，そうした専門的な人材を提供する会社と業務委託契約を締結して，人材の提供を受けることも考えられる。そのような場合に締結する業務委託契約の書式については，第3部⑤SES契約（241頁）が参考となる。

スポーツインストラクター業務委託契約書

　株式会社●●●●（以下「甲」という。）とスポーツインストラクター××××（以下「乙」という。）は，スポーツインストラクター派遣業務について，以下のとおりスポーツインストラクター業務委託契約（以下「本契約」という。）を締結する。

第1条（目的）

　　甲は，乙に対し，次の業務（以下「本業務」という。）を委託し，乙はこれを受託する。

(1)　業務内容：○○○○

(2)　業務場所：○○○○

(3)　業務時間：○○○○

コメント

　　本条は，契約の目的を定める規定である。業務内容，業務場所，業務時間を規定している。

第2条（善管注意義務）

　　乙は，本業務を甲の指示に従い善良な管理者の注意をもって行うものとする。

コメント

　　本条は，善管注意義務に関する規定である。

第3条（有効期間）

　　本契約の有効期間は，20○○年○○月○○日から20○○年○○月○○日までとする。ただし，期間満了の1ヶ月前までに双方から書面による変更等の申出がないときは，本契約は同一条件で更に1年間継続するものとし，以後もこの例によるものとする。

コメント

　　本条は，契約の有効期間を定める規定である。

第4条（委託料）
1 甲は，本業務委託の対価として，乙に対し，金○○○○円を支払うものとする。
2 甲は，前項に定める金額に消費税及び地方消費税相当額を加算した金額を，毎月末日までに，乙が別途指定する銀行口座へ振り込み支払うものとする。なお，振込手数料は甲の負担とする。

コメント

本条は，業務委託の対価およびその支払方法について定める規定である。

第5条（個人情報の取扱い）
1 乙は，第1条第1号に定める業務内容の受講者（以下「受講者」という。）の個人情報を，本業務の遂行を目的として利用し，それ以外の目的には使用しない。
2 乙は，受講者の個人情報を前項の利用目的の範囲内で正確かつ最新の内容に保つように努め，不正アクセス，改ざん，漏えい等を防止すべく，必要かつ適切な安全管理措置を講じるものとする。

コメント

本条は，個人情報の取扱いについて定める規定である。
個人情報保護法上，個人情報の利用目的はできる限り特定しなければならない（17条1項）。
個人情報を提供した者にとって，個人情報取扱事業者において提供した情報がどのように管理されているかは，最大の関心事である。そのため，個人情報保護法や「個人情報の保護に関する法律についてのガイドライン（通則編）」の内容を盛り込んだ「個人情報保護方針」を制定すべきである。

第6条（遵守事項）
乙は，本業務を遂行するにあたり，次の事項を遵守するものとする。
(1) 虚偽の情報をもって本業務を遂行しないこと

(2)　日本の法令，ガイドライン又は通達に抵触する行為をしないこと

(3)　公の秩序又は善良の風俗に反するおそれのある行為又は犯罪若しく
は犯罪を助長する行為をしないこと

(4)　甲又は第三者になりすます行為又は意図的に虚偽の情報を流布させ
る行為をしないこと

(5)　業務場所において宗教活動又は宗教団体への勧誘行為をしないこと

(6)　甲及び受講者その他の第三者に不利益を与える行為，誹謗・中傷・
差別発言等の行為，本業務の範囲を超える不当な要求行為，又は社会
的評価・名誉・信用を毀損し又は毀損するおそれのある行為をしない
こと

(7)　甲の事前の同意を得ることなく本業務を受講者以外の第三者に利用
させる行為をしないこと

コメント

　　本条は，業務を遂行するにあたって受託者が遵守すべき事項を定める規
定である。

　　SNS等の利用に関する遵守事項については，別途第8条を設けている。

第7条（秘密保持義務）

1　乙は，本業務の遂行により知り得た甲又は受講者の一切の情報を，甲
又は受講者の事前の書面による同意を得ないで，第三者に開示又は漏え
いしてはならず，本業務の遂行のためのみに使用するものとし，他の目
的に使用してはならない。

2　前項の規定は，次の各号のいずれか一つに該当する情報については，
適用しない。

(1)　開示を受けた際，既に乙が保有していた情報

(2)　開示を受けた際，既に公知となっている情報

(3)　開示を受けた後，乙の責めによらずに公知となった情報

(4)　正当な権限を有する第三者から適法に取得した情報

(5) 甲又は受講者から開示された情報によることなく乙が独自に開発・取得していた情報

3 本条の規定は，本契約の終了後も有効に存続するものとする。

コメント

　　本条は，受託者が業務の遂行により知り得た秘密情報の開示・漏えい等を禁止する旨を定める規定である。

第8条（SNS等の利用）

1 本条にいうソーシャルネットワーキングサービス（SNS）等とは，Webページ，ブログ，mixi，Facebook，Instagram，Twitter，YouTubeその他一切のSNS及び動画投稿サイト等をいう。

2 乙は，本業務の遂行時間中にSNS等の私的利用，閲覧，書込み及び投稿を行ってはならない。

3 乙は，個人でSNS等を利用する場合，次の情報を書込み又は投稿（以下「投稿等」という。）してはならない。

(1) 甲の営業上の秘密

(2) 甲の顧客，取引先に関する情報

(3) 甲又は受講者の社会的評価・名誉・信用を毀損し又は毀損するおそれのある情報

(4) 日本の法令，ガイドライン又は通達に抵触する情報

(5) 甲及び受講者その他の第三者に不利益を与える情報，誹謗・中傷・差別発言等の情報

(6) その他甲が不適切と判断した情報

4 甲は，乙に対し，乙が前項各号に該当する情報を投稿等した場合，かかる投稿等の削除又は修正を命じることができる。

コメント

　　近年，従業員が，勤務時間中に不適切行為を行い，その様子をSNSに投稿するなどして「炎上」する事件が増えている。こうした行為は，「バイトテロ」と呼ばれ，企業にレピュテーション低下や商品の交換などによ

る損害が生じるほか,投稿者も契約を解除されるなどによる損害が生じる。

　このようなバイトテロによる損害の発生を防ぐため,SNS等の利用について本条のような条項を設けるほか,別途SNS等に関するガイドラインを制定することなどが求められる。

第9条（解除）

1　甲は,乙が次の各号のいずれか一つに該当したときは,何らの通知,催告を要することなく,直ちに本契約の全部又は一部を解除することができる。

　⑴　本契約に定める条項に違反し,乙に対し催告したにもかかわらず14日以内に当該違反が是正されないとき

　⑵　監督官庁により営業の許可取消し,停止等の処分を受けたとき

　⑶　支払停止若しくは支払不能の状態に陥ったとき,又は手形若しくは小切手が不渡となったとき

　⑷　第三者により差押え,仮差押え,仮処分若しくは競売の申立て,又は公租公課の滞納処分を受けたとき

　⑸　破産手続開始,民事再生手続開始,会社更生手続開始,特別清算手続開始の申立てを受け,又は自ら申立てを行ったとき

　⑹　解散,会社分割,事業譲渡又は合併の決議をしたとき

　⑺　資産又は信用状態に重大な変化が生じ,本契約に基づく債務の履行が困難になるおそれがあると認められるとき

　⑻　その他,前各号に準じる事由が生じたとき

2　前項の規定により本契約が解除された場合,乙は期限の利益を喪失する。

3　第1項により本契約が解除された場合,乙は,解除により甲が被った損害の一切を賠償する。

4　第1項により本契約が解除された場合であっても,甲は,解除により乙が被った損害を賠償する責任を負わない。

本条は，契約の解除について定める規定である。

第10条（損害賠償）

　　　乙は，故意又は過失による本契約の違反に起因又は関連して，甲が損害等を被った場合，かかる損害等について甲に賠償する。

　　本条は，受託者の損害賠償責任について定める規定である。

第11条（再委託）

1　乙は，本業務の履行に関して必要となる業務の全部又は一部を，乙の判断にて第三者に再委託することができる。
2　前項の場合，乙は，当該再委託先に対して，本契約所定の乙の義務と同等の義務を負わせるものとする。

　　本条は，業務の全部又は一部を，受託者の判断にて第三者に再委託することができる旨を規定している。

第12条（反社会的勢力の排除）

1　乙は，自己又は自己の経営に実質的に関与している者が，暴力団，暴力団員，暴力団準構成員，暴力団関係企業，総会屋，社会運動等標ぼうゴロ，政治活動標ぼうゴロ，特殊知能暴力集団又はこれらに準ずる者（以下，総称して「反社会的勢力」という。）に該当しないこと及び反社会的勢力と密接な関係を有していないことを表明し，保証する。
2　乙は，自ら又は第三者を利用して，暴力的な要求行為又は法的な責任を超えた不当な要求を行わないことを確約する。
3　甲は，乙が前各項に違反した場合は，何らの催告を要せず，直ちに本契約を解除できるとともに，当該解除により被った損害の賠償を乙に請求できるものとする。

4 甲は，本契約の解除により甲が被った損害について賠償する責を負わないものとする。

　　本条は，暴力団等の反社会的勢力を取引から排除するための規定である。

　　受託者（乙）が反社会的勢力に該当する場合や禁止行為を行った場合，委託者（甲）が即時に契約を解除できるよう定めておくことが重要である（第3項）。

　　また，甲からの損害賠償請求を認める一方（第3項），乙からの損害賠償請求を認めないものとしている（第4項）。

第13条（譲渡禁止）

1　乙は，本契約に基づく権利，義務の全部又は一部を第三者に譲渡し，若しくは貸与，売買，名義変更，質権の設定その他担保に供する等の処分行為を行うことはできない。

2　甲は，本契約の全部又は一部を第三者に譲渡した場合，当該譲渡に伴い，本契約上の地位又は本契約に基づく権利義務並びに乙の個人情報その他の情報を当該譲渡の譲受人に譲渡することができるものとし，乙は，かかる譲渡にあらかじめ同意する。

　　本条は，権利利益の譲渡について定める規定である。

　　受託者（乙）としては，委託者（甲）が本契約の全部又は一部を譲渡した場合であっても，本業務を引き続き遂行できることが望ましい。第2項は，そのような場合を想定した条項である。

第14条（協議）

　　本契約に定めのない事項又は本契約に生じた疑義について，甲及び乙は，誠実に協議して解決を図る。

　　本条は，いわゆる協議条項で，一般に特別の法的効果はないと考えられ

ているが，実務上は規定されることが少なくない。

第15条（管轄裁判所）

　本契約に関して甲乙間に生じる一切の紛争については，○○地方裁判所を第一審の専属的合意管轄裁判所とする。

　本条は，合意により管轄裁判所を定める規定である。

KEYWORD

トライとトライアル

　ラグビーでは，「トライ」をすれば，5点が入るが，tryは「試み」である。トライのあと，ゴールポスト間のバー越えをめがけてconversion kickを「試みる」権利が与えられ，成功すればさらに2点をもらえる。コンバートの語を使うのは，トライをゴールに変換できたとの意味をこめるからである。なお，法律英語のトライアル（trial）には，「（裁判などの）審理」という重要な意味がある。

第3部

契約書ひな型集

1 建物管理サービス 業務委託契約書

　本契約例は，個人の建物所有者が建物管理サービスを提供する企業に建物管理の業務を委託することを想定している。

　2014年11月に「空家等対策の推進に関する特別措置法」が成立するなど，空き家管理の必要性が注目されている。また，空き家問題はIT化に伴うデータの利活用の問題と併せ議論されており，今後空き家管理の重要性はますます高まってくるものと考えられる。

建物管理サービス業務委託契約書

　委託者●●●●（以下「甲」という。）及び受託者×××株式会社（以下「乙」という。）は，以下のとおり建物管理サービス業務委託契約（以下「本契約」という。）を締結する。

第1条（業務委託）

　甲は，別紙1に定める物件（以下「本物件」という。）に関して，別紙2に定める建物管理サービス業務（以下「本業務」という。）を乙に委託し，乙はこれを受託する。

第2条（契約期間）

1　本契約の契約期間は，令和○年○○月○○日から令和○年○○月○○日までの1年間とする。
2　本契約は，甲乙の合意により契約の更新ができるものとする。ただし，本契約の期間が満了する1ヶ月前までに，甲又は乙が反対の意思表示をした場合には，この限りでない。

第3条（委託料）

　本業務の対価は年間○○○○円とし，甲は，乙に対し，月額金○○○○円（消費税別）を，毎月○○日までに下記口座に振り込んで支払う。なお，振込手数料は甲の負担とする。

記

○　○　銀　行　○○支店
普　通　口　座　○○○○
口　座　名　義　○○○○

第4条（再委託）

　乙は，本業務の全部又は一部について第三者に再委託する必要がある場合，これを第三者に再委託することができる。

第5条（権利変動に伴う措置及び通知）

　売買，相続等により本物件の権利関係に変動が生じた場合，又は本物件に新たな担保権の設定（抵当権，質権等）が行われた場合，甲は，その旨を速やかに書面にて乙に通知するものとする。

第6条（苦情への対応）

　乙は，甲からの苦情や本業務に関する情報の提供依頼があった場合，速やかに適切な対応を行うものとする。

第7条（善管注意義務）

　乙は，善良な管理者の注意をもって本物件を管理し，本業務を遂行するものとする。

第8条（報告義務）

　甲は，乙に対し，毎月末日に，当月の本業務についての報告を行うものとする。

第9条（免責事項）

　乙は，次の各号に定める事由により甲が被った損害については，その賠償責任を負わないものとする。ただし，乙に故意又は重過失がある場合はこの限りでない。

(1)　盗難による損害

(2)　巡回時に生じた軽微な傷による損害

(3)　火災・爆発等の事故の発生による損害

(4)　天災地変等，不可抗力による損害

(5)　建物設備の故障，突発事故による損害

(6)　損害発生回避のために，甲に対し改善を求めたにもかかわらず改善されなかったことに起因する損害

(7)　建物や土地及びそれに付随する施設等が第三者に与えた損害

(8)　その他，予見ができなかった事由及び乙の責めに帰することができない事由による損害

第10条（個人情報の取扱い）

1　本契約の履行に当たって乙が知り得た個人情報は，本業務の範囲内で取り扱うものとする。

2　乙は，本契約の履行に当たって知り得た個人情報を取り扱うに当たっては，これを適切に取り扱わなければならない。

3　乙は，本契約の履行に当たって知り得た個人情報の管理のため，関係法令のほか関係ガイドラインを遵守する。

第11条（契約の解除）

　甲は，乙が本業務の履行に関して，本契約の本旨に従った履行をしない場合には，相当の期間を定めて履行を催告し，その期間内に履行がなされないときは，本契約を解除することができる。

第12条 （解約）

　本契約を中途解約する場合，甲又は乙は，１ヶ月前までに相手方に文書をもって通知するものとする。ただし，甲又は乙は，１ヶ月分の委託料を支払うことにより，即時に本契約を解約することができるものとする。

第13条 （損害賠償）

　乙が本契約に関して甲に対して負う損害賠償の額は，第３条に基づき乙が甲より受領した金額を超えないものとする。

第14条 （協議）

　本契約に定めのない事項及び本契約に生じた疑義について，甲及び乙は，誠実に協議して解決を図る。

第15条 （合意管轄）

　本契約に関して甲乙間に生じる一切の紛争は，○○地方裁判所を第一審の専属的合意管轄裁判所とする。

　本契約の成立を証するため本書２通を作成し，各自記名押印のうえ，各１通を保有する。

　令和○年○○月○○日

　　　　　　　　　　　　甲　東京都千代田区○○１－１－１
　　　　　　　　　　　　　　○　○　○　○　印
　　　　　　　　　　　　乙　東京都千代田区○○３－３－３
　　　　　　　　　　　　　　○　○　○　○　印

別紙1

物件の表示

所　　　在：東京都千代田区…

家屋番号：○番○

種　　　類：居宅

構　　　造：木造瓦葺2階建

床 面 積：1階：○○．○○m²

　　　　　　2階：○○．○○m²

別紙2

	業務内容	業務実施要綱
1	建物外観確認	建物外部より変化の有無を確認
2	建物周辺清掃	敷地内屋外や前面道路の簡素な清掃
3	郵便ポスト整理	郵便ポストに入れられたものを整理し，必要なものを転送
4	通気・換気	窓を開放し，空気の入替え
5	雨漏りの確認	全部屋の室内で雨漏りの痕跡の有無の確認
6	室内清掃	建物内部の簡素な掃除
7	通水・封水	水道蛇口を開放し通水を行い，排水トラップに通水し臭気・害虫を防止
8	草木の確認	剪定や除草の要否を確認
9	提案・助言	上記以外で必要と認められる作業等の提案や助言
10	鍵の保管・管理	甲より預かった本物件の鍵の保管，管理

2 物流業務委託契約書

　本契約例は，ネット通販等で購入した商品の保管や配送の委託を想定している。

　AmazonやZOZOTOWNなど通信販売事業者の拡大に伴い配送業者も増えることが予想される。近年は，新型コロナウイルス感染症（COVID-19）の影響により，飲食店の出前をウーバー（Uber：専用アプリを通じハイヤーを予約・利用できるスマートホン向けのサービスを提供する米企業）が仲介し，配達員として登録する一般の人が料理を届けるサービスも登場するなど，契約の多様化がみられる。

　なお，フードデリバリーサービスを運営する企業が，出前の配達を個人に委託することを想定した契約例については，6 フードデリバリー業務委託契約書（250頁以下）を参照。

物流業務委託契約書

　●●●●株式会社（以下「甲」という。）と株式会社××××（以下「乙」という。）は，甲の製造する製品等（以下「本製品」という。）の物流業務委託に関し，以下のとおり契約（以下「本契約」という。）を締結する。

第1条（業務委託の範囲）
1　甲が乙に委託する業務（以下「本業務」という。）の範囲は，次のとおりとする。
　(1)　本製品の保管，管理及び入出庫業務
　(2)　入出庫に付帯する業務
　(3)　納品・引取業務

---

(4) 棚卸業務

2 甲は，本業務の処理について，乙に対し必要な指示を行うことができる。

3 乙は，甲から要求があった場合，速やかに甲が求めた事項についての報告書を提出するものとする。

4 乙は，本製品の破損，盗難その他の異常な事態が生じた際は，直ちに甲に報告し，その指示に従わなければならない。

第2条（本業務の場所）

乙は，本業務に対して，善良な管理者の注意をもって遂行に当たるものとし，本製品の保管，管理場所は下記のとおりとし，その保管にあたり甲の商品であることを明らかにする。

記

(1) 所在地　東京都品川区○○１－１－１

(2) 名　称　××××倉庫

第3条（調査）

甲又は甲の指定する者は，必要に応じていつでも前条に定める場所に立ち入り，本製品の調査をすることができるものとし，乙は異議なくこれに協力するものとする。

第4条（秘密保持義務）

1 甲及び乙は，本契約を通じて知り得た，相手方が開示に当たり，書面・口頭・その他方法を問わず，秘密情報であることを表明したうえで開示した情報（以下「秘密情報」という。）を，厳に秘密として保持し，相手方の書面による事前の承諾なしに第三者に開示，提供，漏えいし，また本契約の履行以外の目的に使用してはならない。ただし，法令上の強制力を伴う開示請求が公的機関よりなされた場合は，その請求に応じる限りにおいて，開示者への速やかな通知を行うことを条件として開示す

ることができる。

2　前項の規定にかかわらず，次の各号のいずれか一つに該当する情報は，秘密情報に当たらないものとする。

(1)　開示の時点で既に被開示者が保有していた情報

(2)　秘密情報によらず被開示者が独自に生成した情報

(3)　開示の時点で公知の秘密

(4)　開示後に被開示者の責めに帰すべき事由によらずに公知となった情報

(5)　正当な権利を有する第三者から秘密保持義務を負うことなく開示された情報

3　本条の規定は，本契約の終了後も有効に存続するものとする。

第5条（再委託）

1　乙は，以下の点を考慮し，乙自らが果たすべき措置と同等の措置が講じられる再委託先に限定して，本業務の全部又は一部を，乙の責任において第三者に再委託することができる。その際，甲の事前の書面による同意を得るものとする。

(1)　再委託先の設備

(2)　技術水準

(3)　従業者に対する監督・教育の状況

(4)　その他再委託先の経営環境

(5)　暴力団等の反社会的勢力との関わり

2　乙は，再委託先との間で，本契約と同等の内容の再委託契約を締結しなければならない。再委託契約の中には，再委託先が委託業務の全部又は一部を再々委託する場合には，甲及び乙の事前の書面による同意を得るものとするとの規定を置く。

3　再委託先は，本業務の全部又は一部の委託を受けた者とみなす。

第6条（損害保険）

乙は，火災，盗難等による損害を補塡するために，乙が適当とする保険者との間で損害保険に加入しなければならない。

第7条（委託料）

1 本業務の対価は年間金○○○○円とし，甲は，乙に対し，半期分（6ヶ月分）金○○○○円（消費税別）をまとめて下記口座に振込んで支払う。なお，振込手数料は甲の負担とする。

記

○　○　銀　行　　○○支店

普　通　口　座　　○○○○

口　座　名　義　　○○○○

2 前項の委託料の支払期限は毎年9月末日及び3月末日までとする。

第8条（契約期間）

本契約の有効期間は，本契約締結日から1年間とし，甲又は乙いずれか一方が期間満了の1ヶ月前までに別段の書面による意思表示をしないときは，さらに1年間自動延長するものとし，以後も同様とする。

第9条（解除）

甲又は乙は，相手方が次の各号のいずれか一つに該当する場合，何らの通知，催告なしに，直ちに本契約の全部又は一部につき，何らの責任を負うことなく，その債務の履行を停止し，又は解除することができる。

(1) 本契約に定める義務の全部又は一部に違反したとき

(2) 財産又は信用状態の悪化等により，差押え，仮差押え，仮処分，強制執行若しくは競売の申立てがなされ，又は租税公課を滞納し督促を受けたとき

(3) 破産手続開始，民事再生手続開始，会社更生手続開始，特別清算開始その他法的倒産手続開始の申立てがあったとき，解散（又は法令に

基づく解散も含む。），清算若しくは私的整理の手続に入ったとき

⑷　手形若しくは小切手を不渡とし，その他支払不能又は支払停止と
　　なったとき

⑸　自ら又は自らの役員（業務を執行する社員，取締役，執行役又はこ
　　れらに準ずる者をいう。）が，暴力団，暴力団関係企業，総会屋若し
　　くはこれらに準ずる者又はその構成員であることが判明したとき

第10条（譲渡禁止）

　　甲及び乙は，相手方の事前の書面による同意を得ることなく，本契約
上の地位を第三者に譲渡し，若しくは承継し，あるいは本契約から生じ
る権利義務の全部又は一部を第三者に譲渡し，若しくは承継し，又は担
保に供してはならない。

第11条（損害賠償）

　　乙は，乙の作業により甲に損害を与えた場合，これを賠償しなければ
ならない。ただし，乙並びに乙の従業員又は再委託先に故意又は過失が
なかったときにはこの限りではない。

第12条（契約内容の変更）

　　甲及び乙は，本件業務の内容の変更を行う必要があると判断した場合
は，相手方に対し，本契約の内容の変更を求めることができる。この場
合，甲及び乙は，誠意をもって協議する。

第13条（協議）

　　本契約に定めのない事項及び本契約に生じた疑義について，甲及び乙
は，誠実に協議して解決を図る。

第14条（不可抗力による損害）

　　天災地変その他不可抗力による事故により損害が生じたときは，甲及

び乙は，協議の上これに対する措置を定める。

第15条（合意管轄）

　本契約に関して甲乙間に生じる一切の紛争については，○○地方裁判
所を第一審の専属的合意管轄裁判所とする。

　本契約の成立を証するため本書2通を作成し，各自記名押印のうえ，各
1通を保有する。

　令和○年○○月○○日

　　　　　　　　　　　　　　甲　東京都千代田区○○1-1-1
　　　　　　　　　　　　　　　　○　○　○　○　印
　　　　　　　　　　　　　　乙　東京都千代田区○○3-3-3
　　　　　　　　　　　　　　　　○　○　○　○　印

KEYWORD ────────────────

スタートアップ

　「起業」や「創業」を表す語であるが，いまは「新たに立ち上げた会社」
をさす。コンピューターの「起動」も表す。かつては，複数形で「（田舎者
が用いた）半長靴」の意味があった，と英和辞典に載っている。また，
upstartと語順を逆にすると，これも古い言い方では，「成り上がり者」と
なる。スタートアップの語は，正しく適切に使いたい。

3 SEO委託契約書

本契約例は，検索エンジンにおいて，ウェブページをより高い順位に表示させることを目的として行われるSEO（Search Engine Optimization）の委託を想定している。

今後，受託業者は従業員を多くかかえるのではなく，AIを用いて受託業務を行うようになると予想される。

SEO委託契約書

●●●●株式会社（以下「甲」という。）と，株式会社××××（以下「乙」という。）は，第2条に定める業務の委託に関し，以下のとおり契約（以下「本契約」という。）を締結する。

第1条（定義）

1 「Webサイト」とは，甲が指定するドメイン下に作成されたインターネット上でWebページとして閲覧可能な一連のテキスト及び画像データの集合をいう。

2 「SEO」とは，検索エンジンの検索結果のWebページ表示順について任意のWebサイトを上位表示させる手法をいう。

3 「リンク」とは，Webサイト及びインターネット上におけるページ同士をつなぐものをいう。

4 「ページランク」とは，△△による非リンク数を根拠に導かれたWebサイトの重要度を示す指標の一つをいう。

5 「アクセス数」とは，Webサイトの閲覧者がWebページを閲覧した回数をいい，個別のページ閲覧数（ページビュー数）も同義とする。

6 「ディレクトリ登録」とは，さまざまなサイトをカテゴリ分けして掲載している，Webサイトにアクセス数の向上，ページランクの向上などを目的としてサイト登録をすることをいう。

7 「クローラビリティ」とは，Webサイト内のリンクの適正さにより，検索エンジンロボットの巡回がスムーズに行われるかを導き出す指標をいう。

8 「インデクサビリティ」とは，Webサイト内の記述や構造の適正さにより，検索エンジンに記録されるWebサイト情報が正しく認識されるかを導き出す指標をいう。

9 「リンクポピュラリティ」とは，良質な非リンクの量によりページランクを導き出す指標をいう。

10 「ソースコード」とは，Webサイトを作成する際に使用されるプログラム言語の記述をいう。

11 「アルゴリズム」とは，コンピュータによる特定の目的を達成するための処理手順をいう。

12 「サーバ」とは，ネットワーク上において，コンピュータからの要求を受け，一括処理をしてファイルやデータ等を提供するコンピュータをいう。

第2条（委託の内容）

1 甲は，希望するキーワードを検索エンジンの検索結果に上位表示させるために甲が指定するWebサイト（以下「本サイト」という。）の最適化並びにページランク及びアクセス数の向上を実現するための業務（以下「本業務」という。）を乙に委託し，乙はこれを受託する。

2 本契約は準委任契約とし，本業務の詳細は次のとおりとする。

　　(1) 本サイトのディレクトリ登録等

　　(2) クローラビリティ及びインデクサビリティの確保に係る提案

　　(3) リンクポピュラリティ向上のための提案

　　(4) 本サイトのアクセス解析

(5) アクセス数向上に係る本サイト改善のための規格及び立案

(6) 本サイトのソースコード編集

(7) 前各号の他，SEO対策のために必要な業務

3 本業務は，検索エンジン△△（△△提携サイトを含む。）及び××を基準とし，甲が選定するキーワード及び業種を前提とする。

4 乙は，次条の場合を除き，本業務による効果に対する責任を負わないものとする。

第3条（順位保証）

乙は，甲に対し，本業務の内容として，以下の検索順位を保証する。

(1) キーワード：プロテイン

検索エンジン：△△及び××

検索順位：20位以内

(2) キーワード：ダイエット

検索エンジン：△△及び××

検索順位：20位以内

第4条（報告義務）

乙は，毎月10日までに甲に対し本業務に関する前月分の実施内容及び結果についてのレポートを電子メールに添付して提出しなければならない。ただし，次条に定める甲の協力義務に違反があった場合はこの限りではない。

第5条（甲の協力義務）

甲は，乙が本業務を遂行するに際して，必要な協力を行う。

第6条（委託料）

1 本業務の対価は月額金○○○○円とし，甲は，乙に対し，半期分（6カ月分）金○○○○円（消費税別）をまとめて乙が別途指定する銀行口

座に振り込んで支払う。なお，振込手数料は甲の負担とする。

2　前項の委託料の支払期限は毎年９月末日及び３月末日までとする。

第7条（契約期間）

　　本契約の有効期間は，本契約締結日から１年間とし，甲又は乙いずれか一方が期間満了の１ヶ月前までに別段の書面による意思表示をしないときは，さらに１年間自動延長するものとし，以後も同様とする。

第8条（旅費日当等）

　　甲は，乙が本業務の履行のため乙の事業所以外の場所に出向いたときは，乙に対して交通費，宿泊費の実費を支払うこととする。

第9条（再委託）

　　乙は，本業務の全部又は一部を第三者に再委託することはできない。

第10条（資料又は機器の保管・管理）

1　乙は，本契約期間中に限り，本業務に必要なID及びパスワードを保有し，サーバ及びアクセス解析画面等にアクセスすることができる。

2　乙は，本業務に関して甲より提供された一切の資料及び情報を，善良なる管理者の注意義務をもって保管及び管理し，甲の事前の書面による同意を得ないで複製又は第三者へ交付し，その他本業務以外の目的に使用してはならない。

3　乙は，甲より提供された資料及び情報並びに機器等が不要となった場合，本契約が解除された場合又は甲からの要請があった場合，当該資料及び情報並びに機器等を速やかに処分（貸与された機器等については甲に返却）するものとする。

第11条（秘密保持義務）

1 甲及び乙は，本契約を通じて知り得た，相手方が開示に当たり，書面，口頭，その他方法を問わず，秘密情報であることを表明したうえで開示した情報（以下「秘密情報」という。）を，厳に秘密として保持し，相手方の書面による事前の承諾なしに第三者に開示，提供，漏えいし，また本契約の履行以外の目的に使用してはならない。ただし，法令上の強制力を伴う開示請求が公的機関よりなされた場合は，その請求に応じる限りにおいて，開示者への速やかな通知を行うことを条件として開示することができる。

2 前項の規定にかかわらず，次の各号のいずれか一つに該当する情報は，秘密情報に当たらないものとする。

⑴ 開示の時点で既に被開示者が保有していた情報

⑵ 秘密情報によらず被開示者が独自に生成した情報

⑶ 開示の時点で公知の秘密

⑷ 開示後に被開示者の責めに帰すべき事由によらずに公知となった情報

⑸ 正当な権利を有する第三者から秘密保持義務を負うことなく開示された情報

3 本条の規定は，本契約の終了後も有効に存続するものとする。

第12条（産業財産権等の帰属）

本契約において乙が本業務の履行として作成したテキスト及び素材等に関する発明，考案，著作，ノウハウ（著作権法第27条及び第28条の権利を含む。）は，甲に帰属する。

第13条（サービス提供停止及び価格変更）

検索エンジンのアルゴリズムの変更等により，乙の甲に対する本業務の提供が困難となる場合，乙は，甲に対する本業務の提供を停止し又は委託料の増額を請求することができる。

第14条 （賠償責任）

　　本契約に定める乙の義務の履行又は不履行により甲が被った損害に対する乙の賠償責任は，甲が現実に被った通常の直接損害のみを対象とし，かつ，乙が本契約に関して甲に対して負う損害賠償の額は，第6条に基づき乙が甲より受領した金額を超えないものとする。

第15条 （解除）

　　甲又は乙は，相手方が次の各号のいずれか一つに該当する場合，何らの通知，催告なしに，直ちに本契約の全部又は一部につき，何らの責任を負うことなく，その債務の履行を停止し，又は解除することができる。

⑴　本契約に定める義務の全部又は一部に違反したとき

⑵　財産又は信用状態の悪化等により，差押え，仮差押え，仮処分，強制執行若しくは競売の申立てがなされ，又は租税公課を滞納し督促を受けたとき

⑶　破産手続開始，民事再生手続開始，会社更生手続開始，特別清算開始その他法的倒産手続開始の申立てがあったとき，解散（又は法令に基づく解散も含む。），清算若しくは私的整理の手続に入ったとき

⑷　手形若しくは小切手を不渡とし，その他支払不能又は支払停止となったとき

⑸　自ら又は自らの役員（業務を執行する社員，取締役，執行役又はこれらに準ずる者をいう。）が，暴力団，暴力団関係企業，総会屋若しくはこれらに準ずる者又はその構成員であることが判明したとき

第16条 （譲渡禁止）

　　甲及び乙は，相手方の事前の書面による同意を得ることなく，本契約上の地位を第三者に譲渡し，若しくは承継し，あるいは本契約から生じる権利義務の全部又は一部を第三者に譲渡し，若しくは承継し，又は担保に供してはならない。

第17条 （契約内容の変更）

　　甲及び乙は，本業務の内容の変更を行う必要があると判断した場合は，相手方に対し，本契約の内容の変更を求めることができる。この場合，甲及び乙は，誠意をもって協議する。

第18条 （協議）

　　本契約に定めのない事項及び本契約に生じた疑義について，甲及び乙は，誠実に協議して解決を図る。

第19条 （合意管轄）

　　本契約に関して甲乙間に生じる一切の紛争については，○○地方裁判所を第一審の専属的合意管轄裁判所とする。

　　本契約の成立を証するため本書2通を作成し，各自記名押印のうえ，各1通を保有する。

　　令和○年○○月○○日

　　　　　　　　　　　　　甲　東京都千代田区○○1－1－1

　　　　　　　　　　　　　　　○　○　○　○　印

　　　　　　　　　　　　　乙　東京都千代田区○○3－3－3

　　　　　　　　　　　　　　　○　○　○　○　印

4 多言語コールセンター
運営業務委託契約書

　本契約例は，地方公共団体が通訳会社や翻訳会社に，近年外国人観光客の増加に伴い増えている通訳サービスを委託することを想定している。

　業務内容においては，今後AIを駆使した翻訳やスマートスピーカーの活用が盛んになることが予想され，書式に反映させる必要が生じる。

多言語コールセンター運営業務委託契約書

　○○市（以下「甲」という。）と●●●●株式会社（以下「乙」という。）とは，多言語コールセンター運営業務について，以下のとおり契約（以下「本契約」という。）を締結する。

第1条（目的）

1　甲は，甲における電話による通訳サービスに係る業務（以下「本業務」という。）を乙に委託し，乙はこれを受託する。

2　乙は，甲が別に定める仕様書に基づいて本業務を誠実に履行しなければならない。

第2条（契約期間）

　本業務の委託期間は，令和○年○○月○○日から令和○年3月31日までとする。

第3条（委託料）

　本業務の委託料は，金○○○○円（消費税別）とする。

第4条（処理状況の調査等）

甲は，必要があると認めるときは，いつでも本業務の処理状況を乙に報告させ，又は自らその状況を調査することができる。

第5条（事業実施報告書等の提出）

1　乙は，本契約期間満了後，遅滞なく，本業務の実施に関する報告書（以下「事業実績報告書」という。）を甲に提出しなければならない。

2　甲は，前項の事業実績報告書を受理したときは，10日以内に検査（以下「完了確認検査」という。）を行う。

第6条（委託料の支払）

乙は，甲の完了確認検査の後，速やかに第3条に定める委託料の支払請求書を甲に提出するものとし，甲は，その書類を受理した日から30日以内に確定額を乙に支払うものとする。

第7条（秘密保持義務）

1　甲及び乙は，本契約を通じて知り得た，相手方が開示に当たり，書面，口頭，その他方法を問わず，秘密情報であることを表明したうえで開示した情報（以下「秘密情報」という。）を，厳に秘密として保持し，相手方の書面による事前の承諾なしに第三者に開示，提供，漏えいし，また本契約の履行以外の目的に使用してはならない。ただし，法令上の強制力を伴う開示請求が公的機関よりなされた場合は，その請求に応じる限りにおいて，開示者への速やかな通知を行うことを条件として開示することができる。

2　前項の規定にかかわらず，次の各号のいずれか一つに該当する情報は，秘密情報に当たらないものとする。

⑴　開示の時点で既に被開示者が保有していた情報

⑵　秘密情報によらず被開示者が独自に生成した情報

⑶　開示の時点で公知の秘密

(4) 開示後に被開示者の責めに帰すべき事由によらずに公知となった情報

(5) 正当な権利を有する第三者から秘密保持義務を負うことなく開示された情報

3 本条の規定は，本契約の終了後も有効に存続するものとする。

第8条（損害賠償）

乙は，本業務の実施に関し発生した損害（第三者に及ぼした損害を含む。）について，直ちに被害者に賠償しなければならない（再委託先の責めに帰すべき事由による場合も，また同様とする。）。ただし，甲の責めに帰する事由による場合はこの限りではない。

第9条（解除）

1 甲は，乙が次の各号のいずれか一つに該当する場合においては，本契約を解除することができる。

(1) 乙がその責に帰する事由により履行期限内又は履行期限後相当の期限内に契約を履行する見込みがないと明らかに認められるとき

(2) 乙が正当の理由がないのに契約の履行の着手を遅延したとき

(3) 乙が契約の履行に関して不正の行為をしたとき

(4) 乙が正当の理由がないのに検査，検収，監督等関係者の職務の執行を妨げたとき

(5) 乙が契約事項に違反することにより，その契約の目的を達することができないと認められるとき

(6) 前各号に掲げるもののほか，乙に契約関係を維持し難い重大な事由があると認められるとき

(7) 自ら又は自らの役員（業務を執行する社員，取締役，執行役又はこれらに準ずる者をいう。）が，暴力団，暴力団関係企業，総会屋若しくはこれらに準ずる者又はその構成員であることが判明したとき

2　甲は，前項に定める場合のほか，本契約の履行が終わらない間におい
　　て特に必要があるときは，本契約を解除することができる。

第10条（再委託）

1　乙は，乙自らが果たすべき措置と同等の措置が講じられる再委託先に
　　限定して，本業務の全部または一部を，乙の責任において第三者に再委
　　託することができる。その際，乙は，再委託先に関する次の情報を書面
　　により甲に報告し，甲の事前の書面による同意を得るものとする。
　　⑴　住所及び名称又は商号
　　⑵　乙と再委託先との間の取引関係及び取引実績
　　⑶　再委託先の設備及び技術水準
　　⑷　従業員に対する監督・教育の状況
　　⑸　その他再委託先の経営環境
　　⑹　暴力団等の反社会的勢力との関わり
2　乙は，再委託先との間で，本契約と同等の内容の再委託契約を締結し
　　なければならない。再委託契約の中には，再委託先が委託業務の全部又
　　は一部を再々委託する場合には，甲及び乙の事前の書面による同意を得
　　るものとするとの規定を置く。
3　再委託先は，第1条に定める業務の全部又は一部の委託を受けた者と
　　みなす。

第11条（譲渡禁止）

　　甲及び乙は，相手方の事前の書面による同意を得ることなく，本契約
　上の地位を第三者に譲渡し，若しくは承継し，あるいは本契約に基づく
　権利義務の全部又は一部を第三者に譲渡し，若しくは承継し，又は担保
　に供してはならない。

第12条（協議）

本契約に定めのない事項及び本契約に生じた疑義について，甲及び乙は，誠実に協議して解決を図る。

第13条（合意管轄）

本契約に関して甲乙間に生じる一切の紛争については，○○地方裁判所を第一審の専属的合意管轄裁判所とする。

本契約の成立を証するため本書2通を作成し，各自記名押印の上，各1通を保有する。

令和○年○○月○○日

甲　東京都○○市○○1−1−1
　　　○　○　○　○　印
乙　東京都千代田区○○3−3−3
　　　○　○　○　○　印

KEYWORD

シェアリング・エコノミー

「カーシェアリング」に代表されるように，自動車や住居などを複数人で共同利用をはかるシステムが，日本でも普及した。費用負担をし合うことを「シェアする」というが，シェアリングはその名詞形である。新型コロナウイルスの感染拡大で，休業を余儀なくされる企業がある一方で，人手不足に悩まされる企業もある。両者の間で，従業員をシェアリングする動きも広がった。

多言語コールセンター運営業務委託契約仕様書

1 委託業務名

多言語コールセンター運営事業

2 業務目的

○○市に宿泊する外国人観光客に対する宿泊施設等における外国語対応をスムーズにすることで，これらの都市での観光における安心安全及び満足度の向上に寄与し，ブランド力を高めることを目的とする。

3 業務期間

令和○年4月1日から令和○年3月31日まで

4 業務概要

○○市に滞在する外国人観光客の安心・安全な滞在をサポートするため，宿泊施設及び○○市交通局案内所を対象とした午前9時から午後7時まで対応の多言語コールセンターを運営する。

（1） 対象

原則として○○市内宿泊施設及び○○市交通局施設

（2） 費用負担

本業務の履行に必要な一切の費用は受託者の負担とする。

（3） 言語

英語，フランス語，中国語，韓国語

（4） 業務担当者

受託者従業員及びAI

（5） 報告

受託者は，コールセンターの利用があった場合には，電子メールにて「入電時刻」，「相手先」，「通訳内容」等を報告する。また，月次報告書を提出する。

さらに，業務完了時には，1件毎の問合せ記録（質問／回答の一覧）一式を報告書として提出することとする。

5 委託業務内容

上記概要の事業を実施するため，次の業務を委託する。

⑴　業務に係る企画・運営・問合わせ対応

　　ア　コールセンター事業の運営（午前９時から午後７時までの10時間，４言語以上）

　　イ　コールセンター事業の問合せ内容の日本語による管理，報告

　　ウ　宿泊施設からの問合わせ等対応

⑵　報告書の作成

　　以下の各項目を盛り込んだ報告書を４部作成し，電子データ（PowerPoint，Excel，Word 等）と共に成果品として提出する。

　　・　１件毎の問合せ記録（質問／回答の一覧）一式

（以上）

KEYWORD

フリーランス

　会社などの組織に属さず仕事をする，フリーのジャーナリスト，作家などをフリーランスという。freelanceのlanceは「槍」で，lancerは，槍で戦う騎兵として，もとは中世の傭兵であった。DXの時代となり，ITに強いフリーランサーを，自由契約により，必要に応じ使いこなせるかが，サステナブル経営の鍵を握る。

5 SES委託契約書

　本契約例は，発注者である企業と，システムエンジニアを提供する企業との間で締結されることを想定した，SES契約（システムエンジニアリング契約）である。

　SES契約とは，主にIT業界において，システム，ソフトウェアまたはアプリケーション等の開発・運用業務等を委託することを内容とする契約をいい，民法上の準委任契約（656条）に分類される。システムエンジニアは，発注者である会社へ常駐し，そこで業務を遂行する。発注者は，システムエンジニアの作業時間に対して賃金を支払う。

　昨今の新型コロナウイルス感染症（COVID-19）の状況下において，システムエンジニアの需要が急増している。本契約例のように，システムエンジニアを提供する会社に属して働くほか，フリーランスとして会社と業務委託契約を締結して働くシステムエンジニアも増えている。

SES契約書

　●●●●株式会社（以下「甲」という。）と，株式会社××××（以下「乙」という。）は，甲が乙に対し業務を委託することにつき，以下のとおり契約（以下「本契約」という。）を締結する。

第1条（業務委託）

1　甲は，ソフトウェア開発に係る業務（以下「本業務」という。）を乙に委託し，乙はこれを受託して甲が必要とする本業務を全うすることを約する。

2　本契約は，乙が本業務に従事するシステムエンジニアの労働を甲に対し提供することを目的とし，民法上の準委任契約として締結される。

第2条（個別契約）

1　本業務の具体的な内容，報酬等の契約条件については，甲乙間において，個別に契約書，覚書，請求書その他の書面（以下，これらをまとめて「個別契約」という。）を締結することにより定める。

2　個別契約は，甲及び乙の正当な権限を有する代表者の記名及び押印がなされた時点において成立するものとする。

3　本契約は，その有効期間中に発生するすべての個別契約に適用される。ただし，本契約と個別契約の規定に齟齬が生じた場合は，個別契約の規定が優先するものとする。

第3条（委託料）

1　本業務の委託料は，個別契約において定める。

2　乙は，個別契約で別段の定めをした場合を除き，本業務を毎月末日に締め，甲に対し，翌月○営業日までに，当月末日（ただし，金融機関休業日の場合はその前営業日。）を支払期日とする請求書を発行する。

3　甲は，前項に従い発行された請求書に基づき，乙が別途指定する銀行口座に振り込み支払うものとする。なお，振込手数料は，甲の負担とする。

第4条（資料の提供等）

1　甲は，乙に対し，乙が本業務の遂行のために必要とする原案や各種資料（以下「資料等」という。）を提供する。乙は，資料等に基づいて本業務を遂行するものとする。

2　前項により甲が乙に開示，提供，貸与した資料等は，第10条の秘密情報に含まれる。乙は，甲の事前の書面による同意がない限り，甲から提供された資料等の転写・複写又は複製を行ってはならない。

3　乙は，甲から請求があった場合，又は理由の如何を問わず本業務が終了若しくは本契約又は個別契約が終了したときは，甲の指示に従い，直ちに資料等を甲に返還又は破棄しなければならない。

第5条（業務責任者等）

1　乙は，本業務の指揮監督をするため，業務責任者を定め，その氏名その他必要な事項を，本契約締結後速やかに甲に通知しなければならない。業務責任者を変更した場合も，同様とする。

2　甲は，乙が前項に従い定めた業務責任者が，本業務の処理及び管理につき著しく不適当であると認められる場合，その理由を明らかにし，乙に必要な措置を取ることを求めることができる。

3　甲は，乙に対して要望事項が生じた場合，乙の業務責任者を通じて行うこととし，その他の者に対して直接指揮・命令を行わないものとする。

第6条（業務の遂行場所）

乙は，甲の会社内及び甲の指定した場所において，本業務を遂行する。

第7条（報告）

1　乙は，甲に対し，本業務の進捗状況その他の事項について，個別契約に定め又は別途甲乙協議の上定める頻度及び方法により，毎月○日までに報告を行うものとする。

2　乙は，本業務を遂行するにあたり，本業務の遂行に支障を生じるおそれのある事故，事由等の発生又はその可能性を認識したときは，当該事故等の発生の帰責原因の如何にかかわらず，直ちにその旨及び内容を甲に報告しなければならない。

3　前項の報告を受けた甲は，速やかに乙と対応について協議するものとする。

4　第2項の乙の報告は，当該事故等につき乙に帰責性がある場合に，その責任を免除させるものではない。

第8条（知的財産権）

1　本契約において「知的財産権」とは，次に掲げるものをいう。

　(1)　特許権，実用新案権，意匠権及び外国における当該各権利に相当する権利

　(2)　特許を受ける権利，実用新案登録を受ける権利，意匠登録を受ける権利及び外国における当該各権利に相当する権利

　(3)　著作権（著作権法第27条及び第28条に規定される権利も含む。）及び外国における当該権利に相当する権利

　(4)　商標権及び外国における当該権利に相当する権利

　(5)　秘匿することが可能な技術情報であって，かつ，財産的価値のあるものの中から，甲乙協議のうえ，特に指定するもの

　(6)　前各号に準じる，法律上保護される権利又は利益

2　知的財産権の帰属については，次の通り定めるものとする。

　(1)　本業務により制作された成果物（以下「本成果物」という。）に関する知的財産権は，本契約締結以前に乙が既に保有するものを除き，すべて甲に帰属し，乙に帰属する権利は乙から甲に無償で譲渡されるものとする。

　(2)　乙は，甲の事前の書面による承諾を得なければ，本成果物の全部又は一部及びその複製物を作成，保有又は利用することはできないものとする。

3　乙は，本成果物として生じた著作物に関し，甲及び甲の承継人ならびにこれらの者から許諾を受けた者に対して著作者人格権を行使しないものとする。

4　乙は，甲に対し，本成果物に関する知的財産権の譲渡，出願，登録の手続をするにあたって必要な書類の作成及び資料を提供するものとする。

第9条（権利侵害の禁止）

　　　乙は，本業務の遂行にあたり，第三者の有する知的財産権その他の権

利を侵害してはならない。

第10条 （秘密情報）

　本契約において「秘密情報」とは，媒体及び手段（文書，口頭，電子データ，専用回線による通信，電子メール等のインターネット回線を利用した通信，光磁気ディスク等の電磁的記録媒体等）の如何を問わず，甲及び乙がお互いに開示する技術情報（プログラムのソースコードを含む。），営業情報，プロジェクトの内容及び参加者（個人であるか企業であるかを問わない。）ならびにその他一切の情報のうち，次に定める情報を意味するものとする。

⑴　文書により開示された情報で，機密である旨を「機密」，「秘」又は「Confidential」等の表記によって明示したもの

⑵　口頭で開示した情報等については，開示の時点において機密であることを明言したもの

⑶　文書・口頭以外の方法で提供又は開示された情報については，提供又は開示の際に適宜「秘密」である旨を表示したもの

⑷　その内容に照らして，秘密であると合理的に判断しうるもの及び甲が秘密であると判断したもの

⑸　本契約の存在及びその内容

第11条 （秘密保持義務）

1　甲及び乙は，互いに相手方当事者から開示される秘密情報を秘密として保持し，相手方当事者の事前の書面による同意がない限り，秘密情報を第三者に開示，提供又は漏洩してはならない。ただし，次の各号のいずれかに該当する場合にはこの限りではない。

⑴　開示を受けた時点で既に公知又は公用となっていた情報

⑵　開示を受けた時点で，既に正当な手段により所有していたと証明することができる情報

⑶　開示を受けた後に，自己の責によらず，公知又は公用となった情報

⑷　開示を受けた後に，正当な情報を有する第三者から合法的に入手し

たと証明することができる情報

(5) 法律に基づく裁判所又は行政機関の要求により開示せざるを得ない情報

2　前項第5号に基づき裁判所又は行政機関から開示を求められた場合，開示を求められた当事者は，開示前に直ちにその旨を相手方当事者に報告し，相手方当事者が必要な措置を講じる機会を与えるものとする。

第12条（再委託の禁止）

乙は，甲の事前の書面による同意を得た場合に限り，本業務を第三者に再委託することができる。乙が，かかる同意を得るに際しては，次に掲げる事項を甲に通知しなければならない。

(1) 再委託先の住所及び名称又は商号

(2) 乙と再委託先との間の取引関係及び取引実績

(3) 再委託する業務の内容及び範囲

(4) その他，甲が必要とする情報

2　乙が，再委託先に対して再委託する場合，再委託先との間で，書面をもって再委託契約を締結しなければならない。

3　乙は，再委託先が本契約及び覚書の各条項を遵守するよう管理監督し，それらの業務の実施に係る一切の行為に関して，乙がなしたものとして，甲に対し一切の責任を負う。

第13条（有効期間）

1　本契約の期間は，本契約締結の日から令和〇年〇〇月〇〇日までとする。

2　前項にかかわらず，甲及び乙は，〇ヶ月前に相手方に書面により通知することにより，契約期間中においても本契約を解約することができる。

3　本契約期間満了の〇ヶ月前までに，相手方から契約を更新しない旨の通知がないときは，本契約は，同一条件でさらに1年間延長され，その後も同様とする。

第14条（解除）

1　甲は，乙が次の各号のいずれか一つに該当したときは，何らの通知，催告を要することなく，直ちに本契約の全部又は一部を解除することができる。

　⑴　本契約又は個別契約に定める条項に違反し，乙に対し催告したにもかかわらず14日以内に当該違反が是正されないとき

　⑵　監督官庁により営業の許可取消し，停止等の処分を受けたとき

　⑶　支払停止若しくは支払不能の状態に陥ったとき，又は手形若しくは小切手が不渡となったとき

　⑷　第三者により差押え，仮差押え，仮処分若しくは競売の申立て，又は公租公課の滞納処分を受けたとき

　⑸　破産手続開始，民事再生手続開始，会社更生手続開始，特別清算手続開始の申立てを受け，又は自ら申立てを行ったとき

　⑹　解散，会社分割，事業譲渡又は合併の決議をしたとき

　⑺　資産又は信用状態に重大な変化が生じ，本契約又は覚書に基づく債務の履行が困難になるおそれがあると認められるとき

　⑻　その他，前各号に準じる事由が生じたとき

2　前項の規定により本契約が解除された場合，乙は期限の利益を喪失する。

3　第1項により本契約が解除された場合，乙は，解除により甲が被った損害の一切を賠償する。

4　第1項により本契約が解除された場合であっても，甲は，解除により乙が被った損害を賠償する責任を負わない。

第15条（反社会的勢力の排除）

1　甲及び乙は，自己又は自己の経営に実質的に関与している者が，暴力団，暴力団員，暴力団準構成員，暴力団関係企業，総会屋，社会運動等標ぼうゴロ，政治活動標ぼうゴロ，特殊知能暴力集団又はこれらに準ずる者（以下，総称して「反社会的勢力」という。）に該当しないこと及

び反社会的勢力と密接な関係を有していないことを表明し，保証する。

2　甲及び乙は，自ら又は第三者を利用して，暴力的な要求行為又は法的な責任を超えた不当な要求を行わないことを確約する。

3　甲及び乙は，相手方が前各項に違反した場合は，何らの催告を要せず，直ちに本契約を解除できるとともに，当該解除により被った損害の賠償を相手方に請求できるものとする。

4　本契約を解除した当事者は，当該解除により相手方が被った損害について賠償する責を負わないものとする。

第16条（損害賠償）

甲又は乙は，本契約又は個別契約に違反し，相手方に損害を与えた場合には，相手方に対しその損害を賠償しなければならない。

第17条（契約内容の変更）

1　甲及び乙は，本契約又は個別契約の内容の変更の必要性が生じた場合は，相手方に対し，契約又は個別契約の内容の変更を求めることができる。

2　個別契約を含む本契約の全部又は一部の変更は，甲及び乙の正当な権限を有する代表者の記名及び押印を付した書面によらなければ，その効力を生じないものとする。

第18条（譲渡禁止）

甲及び乙は，相手方の事前の書面による承諾を得ることなく，本契約及び個別契約上の地位を第三者に譲渡し，若しくは承継し，あるいは本契約及び個別契約に基づく権利義務を第三者に譲渡し，若しくは承継し，又は担保に供してはならない。

第19条（協議）

本契約及び個別契約に定めのない事項又は本契約及び個別契約に生じ

た疑義について，甲及び乙は，誠実に協議して解決を図る。

第20条（合意管轄）

　本契約及び個別契約に関して甲乙間に生じる一切の紛争については，
○○地方裁判所を第一審の専属的合意管轄裁判所とする。

　本契約の成立を証するため本書を２通作成し，各自記名押印の上，各１
通を保有する。

　令和○年○○月○○日

　　　　　　　　　　　　　　　甲　東京都千代田区○○１－１－１
　　　　　　　　　　　　　　　　　○　○　○　○　印
　　　　　　　　　　　　　　　乙　東京都千代田区○○３－３－３
　　　　　　　　　　　　　　　　　○　○　○　○　印

K E Y W O R D ─────────────────────

DX

　新型コロナウイルスの感染拡大によって，社会のすみずみまでデジタル
化が一気に進んだ。そのため，個人や企業の諸活動がデジタル技術を十分
に活用できるように変わらなくてはならない。その変革のさまがDXである。
DXは，デジタルトランスフォーメーションの略で，transformationは，「変
化，変革」を意味する。DX推進を担うのが，DX人材であり，その活用の
手段に，業務委託契約がある。

---

6 フードデリバリー業務委託契約書

本契約例は，フードデリバリーサービスを運営する企業が，出前の配達を個人に委託することを想定している。

②物流業務委託契約書（221頁）と比較すると，本契約例は，遵守事項（第5条），SNS等の利用（第6条），表明保証（第7条）において，個人が受託者であることを意識した規定ぶりになっている。

新型コロナウイルス感染症（COVID-19）の影響で"おうち時間"が増えたことにより，フードデリバリーサービスの需要が飛躍的に高まっている。それに伴い，フードデリバリーサービスを運営する企業のロゴが入ったバッグを背負って自転車で走る配達員の姿も頻繁に見るようになった。

フードデリバリー業務委託契約書

●●●●株式会社（以下「甲」という。）と××××（以下「乙」という。）は，甲が提供する料理の配達業務の委託に関し，以下のとおり契約（以下「本契約」という。）を締結する。

第1条（目的）

1　甲は，乙に対し，甲が運営するアプリ「簡単フードデリバリー」（以下「本アプリ」という。）を通じて本アプリに登録した注文者（以下「注文者」という。）から受注した商品（以下「商品」という。）を注文者の住所又は注文者が指定した場所（以下「配達場所」という。）に配達する業務（以下「本業務」という。）を委託し，乙は，これを受託する。

2　乙は，甲が指定した時刻（以下「指定時刻」という。）までに甲から
　　商品を受け取り，乙が別途アカウント登録する「配達者専用アプリ」（以
　　下「配達者用アプリ」という。）に表示された時刻（以下「配達時刻」
　　という。）までに商品を配達場所に配達し，注文者へ引き渡すものとする。

第2条（売上金の回収）

1　乙は，配達場所において，注文者から商品の代金及び配達料（以下「売
　　上金等」という。）を回収する。
2　乙は，甲に対して，前項に基づき注文者から回収した売上金等を，甲
　　が別途指定した方法により支払うものとする。
3　乙が前項の支払を怠った場合，乙は，甲に対し，支払期日の翌日から
　　支払済に至るまで，年14.6％の遅延損害金を支払わなければならない。

第3条（委託料）

1　甲は，乙に対して，本業務の委託料として，本業務1件あたり，別紙
　　〔省略〕に基づく金額を支払う。
2　前項に定める委託料は，毎月1日から15日までと16日から月末までの
　　締め日を2回とする。
3　甲は，乙に対し，前項の各締め日から5営業日までに，委託料を乙が
　　別途指定する口座に振り込んで支払う。なお，振込手数料は甲の負担と
　　する。
4　甲は，前項に定める委託料を支払う時点において，乙に未精算の売上
　　金等（以下「未清算売上金等」という。）がある場合，甲が乙に対して
　　有する未清算売上金等の請求債権と，甲が乙に対して負う委託料支払債
　　務を対当額で相殺することができる。

第4条（再配達及び注文キャンセル）

1　甲の責めに帰すべき事由により，甲が指定時刻までに乙に商品を渡す
　　ことができない場合，甲は，乙に対して委託料を支払うものとする。

2　乙の責めに帰すべき事由により次の各号の事由が生じ，注文者が商品の配達をキャンセルした場合には，乙は，甲に対して，金○○○○円（消費税別）を支払うものとする。

(1)　指定時刻までに商品を受取ることができず，配達時刻を超過した場合

(2)　本業務遂行中に商品の外観・中身に損傷や崩れが発生した場合

3　乙は，注文者の指定した配達時刻に配達したが，注文者が受渡しに出られない場合又は注文者が不在等で受渡しができない場合，配達時刻から10分間待機するものとする。待機後なおも受渡しができない場合，甲は当該注文を取り消すものとする。この場合，甲は，乙に対して委託料を支払うものとする。

第5条（遵守事項）

乙は，本業務の遂行に際して，次の各号に定める事項を遵守する。

(1)　道路交通法その他の法令に反する運転，危険運転，私有地等への駐停車，通行の妨害になる態様での駐停車，マナーに反する駐停車，その他甲が指定する条件に反する駐停車等をしないこと

(2)　配達物の品質を劣化・悪化させる行為をしないこと

(3)　事故を発生させた場合，直ちに甲に報告し，その指示に従うこと

(4)　自動車運転免許証を携帯して車両を運転すること

(5)　甲及び注文者に不利益を与える行為，誹謗・中傷・差別発言等の行為，本業務の範囲を超える不当な要求行為，又は社会的評価・名誉・信用を毀損し又は毀損するおそれのある行為をしないこと

(6)　甲又は注文者その他の第三者の知的財産権，肖像権，プライバシーの権利，名誉，その他の権利又は利益を侵害しないこと

(7)　公の秩序又は善良の風俗に反するおそれのある行為又は犯罪若しくは犯罪を助長する行為をしないこと

(8)　猥褻な情報又は青少年に有害な情報を送信しないこと

(9)　歩行中，自転車走行中，車両運転中，その他の配達者用アプリの利

用が不適切な状況又は態様において配達者用アプリを利用しないこと

⑽　不正な位置情報を登録しないこと

⑾　日本の法令，ガイドライン又は通達に抵触する行為をしないこと

⑿　甲の事前の同意を得ることなく本アプリを第三者に利用させる行為をしないこと

⒀　その他，甲が不適切と判断する行為をしないこと

第6条（SNS等の利用）

1　本条にいうソーシャルネットワーキングサービス（SNS）等とは，Webページ，ブログ，mixi，Facebook，Instagram，Twitter，YouTubeその他一切のSNS及び動画投稿サイト等をいう。

2　乙は，本業務の遂行時間中にSNS等の私的利用，閲覧，書込み及び投稿を行ってはならない。

3　乙は，個人でSNS等を利用する場合，次の情報を書込み又は投稿（以下「投稿等」という。）してはならない。

⑴　甲の営業上の秘密

⑵　甲の顧客，取引先に関する情報

⑶　甲又は注文者の社会的評価・名誉・信用を毀損し又は毀損するおそれのある情報

⑷　日本の法令，ガイドライン又は通達に抵触する情報

⑸　甲及び注文者その他の第三者に不利益を与える情報，誹謗・中傷・差別発言等の情報

⑹　その他甲が不適切と判断した情報

4　甲は，乙に対し，乙が前項に該当する情報を投稿等した場合，かかる投稿等の削除又は修正を命じることができる。

第7条（表明保証）

　　乙は，甲に対し，本契約の締結日において，次の各号の事項が真実に相違ないことを表明し保証する。

(1) 本業務の遂行にあたり，必要な許認可・免許等を取得し，使用する車両に関し適切な保険に加入していること

(2) 事故発生時の対応及び保険使用は乙の責任において行うこと

(3) 甲との間で雇用契約を締結していないこと

(4) 身分を偽って配達者用アプリにアカウント登録していないこと

(5) 本契約締結日以前に甲との間で雇用契約を締結し，その結果として採用禁止になっていないこと

(6) 甲から本契約の解除又は配達者用アプリのアカウント停止若しくは削除をされたことがないこと

第8条（秘密保持義務）

1 乙は，本業務の遂行により知り得た甲の一切の情報を，厳に秘密として保持し，甲の事前の書面による同意なしに第三者に開示，提供，漏えいし，また本業務の遂行以外の目的に使用してはならない。ただし，法令上の強制力を伴う開示請求が公的機関よりなされた場合は，その請求に応じる限りにおいて，甲への速やかな通知を行うことを条件として開示することができる。

2 前項の規定にかかわらず，次の各号のいずれか一つに該当する情報については，適用しない。

(1) 開示を受けた際，既に乙が保有していた情報

(2) 開示を受けた際，既に公知となっている情報

(3) 開示を受けた後，乙の責めによらずに公知となった情報

(4) 正当な権限を有する第三者から適法に取得した情報

(5) 甲から開示された情報によることなく乙が独自に開発・取得していた情報

3 本条の規定は，本契約の終了後も有効に存続するものとする。

第9条（有効期間）

本契約の有効期間は，本契約を締結した日から起算し満1年とする。た

だし，期間満了の1ヶ月前までに双方から書面による変更等の申出がないときは，本契約は同一条件で更に1年間継続するものとし，以後もこの例によるものとする。

第10条（解除）

1　甲は，乙が次の各号のいずれか一つに該当したときは，何らの通知，催告を要することなく，直ちに本契約の全部又は一部の解除，配達者専用アプリのアカウントの全部又は一部の削除・停止その他の措置（以下「解除等」という。）をとることができる。

　(1)　本契約に定める条項に違反し，乙に対し催告したにもかかわらず14日以内に当該違反が是正されないとき

　(2)　監督官庁により営業の許可取消し，停止等の処分を受けたとき

　(3)　支払停止若しくは支払不能の状態に陥ったとき，又は手形若しくは小切手が不渡となったとき

　(4)　第三者により差押え，仮差押え，仮処分若しくは競売の申立て，又は公租公課の滞納処分を受けたとき

　(5)　破産手続開始，民事再生手続開始，会社更生手続開始，特別清算手続開始の申立てを受け，又は自ら申立てを行ったとき

　(6)　解散，会社分割，事業譲渡又は合併の決議をしたとき

　(7)　資産又は信用状態に重大な変化が生じ，本契約に基づく債務の履行が困難になるおそれがあると認められるとき

　(8)　その他，前各号に準じる事由が生じたとき

2　前項の規定により本契約が解除等された場合，乙は期限の利益を喪失する。

3　第1項により本契約が解除等された場合，乙は，解除等により甲が被った損害の一切を賠償する。

4　第1項により本契約が解除等された場合であっても，甲は，解除により乙が被った損害を賠償する責任を負わない。

第11条 （損害賠償）

1 　乙は，故意又は過失による本契約の違反に起因又は関連して，甲が損害を被った場合，かかる損害について甲に賠償する。

2 　乙は，本業務の遂行に際して，注文者その他の第三者からクレームを受け又はそれらの者との間で紛争を生じた場合には，直ちにその内容を甲に通知するとともに，乙の費用と責任において当該クレーム又は紛争を処理し，甲からの要請に基づき，その経過及び結果を甲に報告しなければならない。

第12条 （反社会的勢力の排除）

1 　乙は，自己又は自己の経営に実質的に関与している者が，暴力団，暴力団員，暴力団準構成員，暴力団関係企業，総会屋，社会運動等標ぼうゴロ，政治活動標ぼうゴロ，特殊知能暴力集団又はこれらに準ずる者（以下，総称して「反社会的勢力」という。）に該当しないこと及び反社会的勢力と密接な関係を有していないことを表明し，保証する。

2 　乙は，自ら又は第三者を利用して，暴力的な要求行為又は法的な責任を超えた不当な要求を行わないことを確約する。

3 　甲は，乙が前各項に違反した場合は，何らの催告を要せず，直ちに利用登録を解除できるとともに，当該解除により被った損害の賠償を乙に請求できるものとする。

4 　甲は，利用登録の解除により甲が被った損害について賠償する責を負わないものとする。

第13条 （譲渡禁止）

　乙は，甲の事前の書面による同意を得ることなく，本契約上の地位を第三者に譲渡し，若しくは承継し，あるいは本契約に基づく権利義務の全部又は一部を第三者に譲渡し，若しくは承継し，又は担保に供してはならない。

第14条 （再委託）

乙は，本業務の全部又は一部を第三者に再委託することはできない。

第15条 （協議）

本契約に定めのない事項及び本契約に生じた疑義について，甲及び乙は，誠実に協議して解決を図る。

第16条 （合意管轄）

本契約に関して甲乙間に生じる一切の紛争については，○○地方裁判所を第一審の専属的合意管轄裁判所とする。

本契約の成立を証するため本書2通を作成し，各自記名押印の上，各1通を保有する。

令和○年○○月○○日

甲

乙

あ と が き

　初版の「はしがき」では，当時からビッグデータ時代におけるICT（情報通信技術）などを活用したデータ処理の業務委託契約による，より高度なリスク管理の重要性を強調した。その考えに変わりはないが，データ処理などの業務委託契約が必ずしも適切に行われてこなかったのではないかとの，もどかしい思いにもとらわれている。

　日本経済新聞社が国内主要企業へ行った，顧客データなどの管理に関するアンケート調査の結果が新聞に載った（2021年12月28日）。「管理状態の全容を把握しきれていない」企業が約2割に上り，そのなかで目立ったのは，「データ処理を外部に委託し，詳細を把握していない例だ」という。

　「委託契約を結んだ相手が，実際にどこで管理しているのかわからない」，「再委託先まで正確に把握できない」との声もあったという。委託状況の確認不足や部門ごとのバラバラの対応が主な原因ではないかとみられている。

　保有する個人データについては，一部またはすべてのデータを海外で管理していると回答した企業が5割を超したことも気になった。実際，2021年3月には，対話アプリを運用する企業で，国内の利用者の個人データに中国の関連会社からアクセスできる状態を放置していたことが問題となった。

　個人データ保管，処理を，海外を含む外部の事業者に委託するにあたっては，個人情報保護法の下で委託先の監督が義務づけられている。同法が求める「必要かつ適切な監督」の内容については，個人情報保護委員会のガイドラインが，業務委託契約に含ませるべき条項例にいたるまで，具体的に実務指針を示している。

　個人データの取扱いの業務委託についての法的規則の基本的枠組みは，本書初版の頃から変わっていない。業務委託契約実務上の課題は，個人情報保護の分野においてのみ生ずるのではない。その点は，初版を見てもらえばすぐにわかるであろうが，個人データ処理の業務委託契約実務を取り巻く法的環境が，

最も大きく変化しており，法律だけでなく，ガイドラインの改訂も，この間に
なされた。

　コロナ禍は，2022年に入っても，変異型オミクロン株の感染拡大があって，
いまだ収束に至っていない。当分の間，というよりこれから毎年ワクチンを打
ちつづけ，「コロナとの共生」をはかるしかないという専門家は少なくない。

　コロナ禍は，私たちの生活に大きな変化をもたらした。その変化をまとめる
ならば，「デジタル化」と「リモート化」である。いまやすっかり日常化し定
着しつつあるテレワークやオンライン会議をとってみても，デジタル化は，人
との接触を避けるリモート化の "手段" 的関係にある。

　日本では，デジタル改革関連法の下で，2021年9月にデジタル庁が発足し，
各種提出などにおける「脱ハンコ」やペーパーレス化を推進している。コロナ
禍が，以前から計画のあったデジタル化を一気に実現させたといってよい。

　このデジタル化は大きな利点がある反面，かつてはなかったリスクをもたら
した。代表的なリスクは，デジタル化したデータの大量ネット流出である。実
際に，何億人分もの個人顧客データが，世界中で見られる状態に流出した事故
例もあった。

　サプライチェーン（供給網）やテレワークの拠点におけるセキュリティの脆
弱さを狙ったサイバー攻撃のリスクも増大している。なかでも，「ランサム
ウェア」によって顧客データや技術データを盗み出され，「身代金（ランサム）」
を支払わされる深刻な被害が中小企業の間にも広がっている。

　デジタル化社会特有の大きなリスクを管理する決め手のひとつが，業務委託
契約実務の適正化である。その詳細を知るには，本書を読んでもらうのが最も
近道だと信じる。とくに第2版では，初版以後の大きな変化を踏まえ，新しい
タイプの契約書式をもとに，契約実務のポイントを解説している。

　この手法は，「基本と書式」シリーズとして刊行してきた，他の『データ取
引契約の基本と書式』や『個人情報保護・管理の基本と書式（第2版）』に共
通している。これらの2冊と併せて読んでもらえれば，本書をより有効に活用
できるであろう。

　2022年2月8日をピークとして，新型コロナウイルスの1日の新規感染者数
が，日本全国で10万3千367人に達した。一方で，「3回目」のワクチン接種が

進んでいけば，コロナ禍は収束へ向かうのではないかともみられる。本書第2版を，ウィズコロナ時代に突入するかどうかの分岐点に当たる重要な時期に出版できたのは，意義深いと感じている。

索　引

欧文

AI ···················· 41, 193, 227
CISG ························· 85, 99
EU ······························· 135
EU一般データ保護規則 ········· 135
GDPR ·························· 135
IoT ···················· 37, 39, 100
IT ··············· 11, 14, 167, 216
OEM ············ 90, 91, 93, 96, 97
PDCAサイクル ······· 49, 171, 172
POSデータ ····················· 42

あ行

アウトソーシング ·············· 8-10
アクセス権 ····················· 137
アジャイル型 ················· 27, 28
アルゴリズム ··················· 231
安全管理措置 ······ 34, 121, 127, 131, 149, 175, 189
インターネット ················· 135
インダストリー4.0 ··············· 86
ウォーターフォールモデル ··· 27, 103
営業秘密 ························· 15
オープンサイエンス ············· 168

か行

外部委託 ·························· 9
瑕疵担保責任 ···················· 24
ガバナンス ······················ 48
監査役 ························· 48
企業集団内部統制システム ······ 180
危険負担 ····················· 99, 108
偽装請負 ························· 10
協議条項 ····················· 85, 135
クラウド ························ 141

クラウドサービス ················ 35
契約不適合責任 ················· 115
検索エンジン ··················· 227
公益通報者保護法 ············ 51, 181
公正取引委員会 ················· 62
国際物品売買契約に関する国際連合条約
························· 85, 99
個人情報の保護に関する法律 ····· 15
個人情報保護委員会 ··········· 16, 32
個人情報保護法 ······· 15, 30, 33, 40, 119, 123, 126, 127, 129, 142, 160
個人データ ····················· 15
コーポレートガバナンス・コード ···· 47, 50
コーポレートガバナンス報告書 ······ 48, 49, 170, 174

さ行

再委託 ··············· 16, 75, 163, 223
サイバーセキュリティ ············ 38
サプライチェーン ··············· 193
産業財産権 ················· 112, 231
三倍賠償 ························· 9
下請代金支払遅延等防止法 ····· 60, 114
下請法 ····················· 60, 61
譲渡禁止特約 ··············· 152, 175
情報セキュリティ ················ 54
ステークホルダー ················ 49
生産物賠償責任保険 ··········· 80, 94
製造物責任 ··············· 76, 77, 79
製造物責任法 ···················· 74
責任限定条項 ···················· 21
ソフトウェア ··················· 106

た行

知的財産（権） ··············· 98, 151
知的財産侵害 ···················· 93

データ消去 ……………………… 159
データの消去・廃棄 …………… 156
データ分析 ……………………… 168
データベース …………………… 15
データ流出 ……………………… 164
データ漏えい …………………… 165
独占禁止法 ………………… 61, 62, 83
特定個人情報 ……… 30, 123, 128, 132, 137
匿名加工購買情報 …………… 144-151
匿名加工情報 ………… 39-41, 142, 147
匿名通報 ………………………… 182
取締役会実効性評価 …… 47, 49, 50, 169, 170

な行

内部通報外部窓口 ……………… 183
内部通報制度 ………………… 53, 187
ニューヨーク証券取引所 ……… 50

は行

パーソナルデータ …………… 41, 142
バーチャルリアリティ ………… 12
反社会的勢力 …………………… 129
ビッグデータ ………… 40, 41, 142
秘密保持 ………………………… 99
秘密保持義務 …… 32, 83, 98, 114, 128, 153,
   163, 164, 188, 231
秘密保持条項 …………………… 106
表明保証条項 ………………… 147, 154

ファイアウォール ……………… 141
不可抗力 ………………… 162, 225
不正アクセス ………… 128, 141
不正競争防止法 ………………… 15
プラットフォーム ……………… 40
プログラム ……………… 110, 118
プロジェクト・マネジメント義務
   ……………………… 19-21, 111
ベンダー ………………… 19, 21, 28
法の適用に関する通則法 ……… 84

ま行

マイナンバー …… 119, 123, 125, 128, 129, 132
マイナンバー制度 ……………… 29, 30
マイナンバー法 ……… 119, 122, 123, 126, 130,
   133
民事再生法 ……………………… 80
民法（債権関係）改正法 ……… 22

や行

ユーザー ………………………… 19

ら行

利益相反 ………………………… 180
リコール ………………………… 94
レピュテーションリスク ……… 41
労働者派遣 ……………………… 10

〈編著者略歴〉

長谷川　俊明（はせがわ　としあき）

1973年早稲田大学法学部卒業。1977年弁護士登録。1978年米国ワシントン大学法学修士課程修了（比較法学）。元国土交通省航空局総合評価委員会委員，元司法試験考査委員（商法）。現在，企業法務とともに国際金融取引や国際訴訟を扱う傍ら，企業の社外取締役を務める。長谷川俊明法律事務所代表。

主な著書：『訴訟社会アメリカ』『競争社会アメリカ』『日米法務摩擦』（以上，中央公論新社），『日米パテントウォー』（弘文堂），『海外進出の法律実務』『国際ビジネス判例の見方と活用』『海外子会社のリスク管理と監査実務』『アクティビスト対応の株主総会準備』『新しい取締役会の運営と経営判断原則（第2版）』『海外子会社のリスク管理と監査実務（第2版）』『ライセンス契約の基本と書式』『データ取引契約の基本と書式』『個人情報保護・管理の基本と書式（第2版）』（以上，中央経済社），『株主代表訴訟対応マニュアル100カ条』『訴訟社会』（訳書）（以上，保険毎日新聞社），『ビジネス法律英語入門』『リスクマネジメントの法律知識』（以上，日経文庫），『実践　個人情報保護対策Q＆A』「アフターコロナの「法的社会」日本—社会・ビジネスの道筋と転換点を読む」（経済法令研究会），『個人情報保護法と企業の安全管理態勢』（金融財政事情研究会），『ローダス21最新法律英語辞典』（東京堂出版）ほか。

〈著者略歴〉

前田　智弥（まえだ　ともひろ）

2012年慶應義塾大学総合政策学部卒業。2015年慶應義塾大学法科大学院修了（法務博士）。2019年1月弁護士登録。同年2月長谷川俊明法律事務所入所。2021年7月〜慶應義塾大学通信教育部科目担当員（行政法）。

主な著作：「テレワークの導入と法的留意点」（『銀行法務21』859号，共同執筆，経済法令研究会），『社会人なら知っておきたいコンプライアンスの落とし穴』（共同監修，経済法令研究会），『個人情報保護・管理の基本と書式（第2版）』（共著，中央経済社）ほか。

業務委託契約の基本と書式〔第2版〕

2017年10月5日　第1版第1刷発行	編著者　長　谷　川　俊　明
2019年7月20日　第1版第4刷発行	発行者　山　本　　　継
2022年6月10日　第2版第1刷発行	発行所　㈱中　央　経　済　社

発売元　㈱中央経済グループ
　　　　パ ブ リ ッ シ ン グ

〒101-0051　東京都千代田区神田神保町1-31-2
電話　03 (3293) 3371 (編集代表)
03 (3293) 3381 (営業代表)
https://www.chuokeizai.co.jp

© Hasegawa Toshiaki 2022
Printed in Japan

印刷／三 英 印 刷 ㈱
製本／㈲井 上 製 本 所

＊頁の「欠落」や「順序違い」などがありましたらお取り替えいた
しますので発売元までご送付ください。（送料小社負担）
ISBN978-4-502-42091-7　C3032